삶을 위해
사랑하라

결국엔 사라지더라도, 꼭 잡아야 하는 순간이 있습니다.

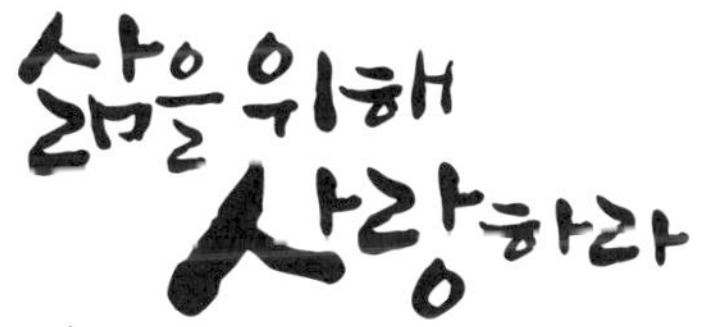

"그 오랜 세월, 거의 한세기에 가까운 사랑을 어떻게 유지하며 사셨습니까?"

이 책의 목적은 73년간의 변치 않는 사랑의 비결을 밝히는 데 있다.

블로그 〈The Original Grandparents(이하 The OGs)〉

우리 자매는 할아버지와 할머니의 보호자가 된 후, 두 분 중 한 분이 먼저 돌아가시면 어떻게 할 것인가를 두고 고민했다. 할아버지는 할머니보다 다섯 살 위였지만 할머니 역시 한 차례 심근경색을 겪으신 터였다. 우리는 두 분이 함께 누리던 소소한 행복과 끈끈한 유대감이 훼손되지 않는 환경을 조성해드리고 싶었다. 그래서 두 분이 함께 생활할 수 있는 은퇴자 보호주거단지로 모시기로 했다.

처음 우려와 달리 그곳 생활에 잘 적응하시는 것을 보니 안심이 되었다. 그 후 몇 년이나 행복하게 보내시는 모습은 우리에게 커다란 기쁨이 되기도 했다. 할아버지의 건강이 악화되어 보호주거단지 안에 있는 요양병동으로 들어갔을 때도 두 분의 사랑은 매우 강력했다. 그 사랑은 주변 사람 모두를 감동시켰고, 2010년 10월, 할아버지를 먼저 떠나보내야 하는 힘겨운 날들을 이겨내는 데 큰 힘이 되기도 했다.

우리는 혹여나 할머니가 상실의 늪에 빠져 삶의 끈을 놓지 않을까 걱정했지만 다행히도 할머니는 한동안 번민의 시간을 보내신 후, '나는 아직 남편을 따라 미지의 세계로 들어갈 준비가 되지 않았다'며 우리를 안심시키셨다.

우리는 다시 블로그 작업에 매달렸다. 할머니의 무료 인생상담 서비스는 순식간에 퍼져나갔으며, 이내 '현명한 할머니의 손길'을 원하는 젊은이들의 요청으로 넘쳐났다. 바로 〈무엇이든 할매에게 물어보세요 _Ask Grandma Anything_〉가 그 유명한 블로그다. 사람들은 정말 무엇이든 물었다. 위기에 처한 부부 관계를 살릴 해법, 각종 공포증의 치료법, 망가진 우정을 되살릴 묘책, 직업을 바꿔야 할지의 여부 등 질문은 다양했다. 할머니는 이런 젊은이들의 반응에 매우 놀라셨지만 즐거운 마음으로 이메일을 읽으며 몇몇 질문에는 동영상 답장까지 하는 등 조언을 아끼지 않으셨다.

　이 책은 사람이 살면서 겪을 수 있는 수많은 난제에 대한 나름의 해법을 전하고자 만들어졌다. 행복한 애정관계를 원하는 사람들, 부모와 잘 지내고 싶은 사람들, 자녀를 훌륭하게 키우는 데 힘들어하는 사람들, 성공적인 경력을 쌓기 원하는 사람들, 일을 즐기고 싶은 사람들, 삶에서 성취감을 얻고 싶은 사람들에게 도움이 될 만한 내용이 담겨 있다.

　우리는 조부모님의 영감을 주는 로맨스와 거기서 얻을 수 있는 교훈으로, '올바른 생활을 바탕으로 나이가 드는 모범적 실례'를 공유하려 한다. 할머니(큐티)와 할아버지(팝팝)는 정말 똑똑하시고 현명한 분들이다. 사람들 대부분이 그런 어른을 모실 수 있을 만큼 운이 좋지 않기에 우리가 얻은 두 분의 지혜를 사람들과 나누는 것이 마땅하다고 생각했다.

　우리 조부모님 시절에는 흔치 않거나 다소 수치스럽게 여겨졌던 가족 구성이 이제는 아무렇지 않은 듯 시트콤의 단골소재가 되었다. 그러나 우리의 부모님, 그러니까 할머니와 할아버지의 자녀가 이혼이라는 극단적 선택을 했을 때도 두 분은 변치 않는 사랑을 보여주셨다.

　1937년에 처음 만나 사랑하고 결혼을 하고 할아버지가 세상을 떠난 2010년까지, 두 분은 사랑을 끝까지 지켜내셨다. 그 모습을 직접 지켜볼 수 있었고, 블로그와 이 책을 통해 누군가와 나눌 수 있다는 사실은 커다란 기쁨이자 영광이다. 우리는 할머니의 이야기가 결혼생활이나 인간관계 개선을 도모하고 원하는 삶을 찾는 데 큰 도움이 될 거라 확신한다. 그러나 한편으로 결혼생활을 완벽하게 만들거나 삶의 기틀을 바꿔줄 마법의 공식 같은 건 없다는 것 또한 깨우쳤다는 사실을 밝히고 싶다.

"사랑과 행복을 찾은 우리 부부의 비결을 알고 싶다면 얼마든지 알려드리리다. 하지만 당신의 비결은 사실 당신 스스로 알아내야 한다오. 만약 우리의 이야기가 그 비결을 찾은 과정에서 도움이 된다면 기꺼이 나누어드리리다."

우리는 두 분의 '평생에 걸친 사랑'이 다른 언어권에서도 감동적으로 받아들여진다는 사실을 발견했다. 변치 않는 사랑, 그것이야말로 세상 모든 사람들이 평생 꿈꾸는 것이 아니던가.

해리와 바바라의 손녀,
킴 쿠퍼와 친다 쿠퍼가 로스엔젤레스에서

Fall in love

Fall in life

차례

사랑하는 사람을 떠나보낸 슬픔에서 벗어나는 것은 어려운 일이다. 어떤 날은 쉽게 견뎌도, 어느 날은 사무치게 그립다. 그런 날은 어쩔 수 없다. 그저 마음껏 그리워하고, 눈물이 흐르도록 내버려두는 수밖에.

첫눈에 반해버린 사랑에 대해 누구는 어리석은 모험이라 할지 모르지만 영혼의 짝은 설명할 수 없는 강렬한 끌림으로 그 모든 것을 덮어버린다.

완벽하지 않은 남자와 요리 못하는 여자가 새로운 인생의 출발점에 섰다. 부족한 것은 문제가 되지 않았다. 그들은 언제나 서로에게 가장 완벽한 짝이라는 사실을 믿어 의심치 않았다.

행복한 결혼생활에 다른 건 필요 없다. 그저 상대에게 언제나 관심을 보이면 된다. 상대의 마음이 언제나 나를 향하고 있을 거란 착각 따위를 하지 않으면 된다.

1장

얼마 남지 않은 시간을 즐겁게 보내고 싶다면

사랑하는 사람을 떠나보낸 슬픔에서
벗어나는 것은 어려운 일이다.
어떤 날은 쉽게 견뎌도, 어느 날은 사무치게 그립다.
그런 날은 어쩔 수 없다. 그저 마음껏 그리워하고,
눈물이 흐르도록 내버려두는 수밖에.

꿈에도 생각하지 못했다. 그날 병실 문을 나선 이후로 다시는 해리의 목소리를 듣지 못하게 될 줄은.

해리가 다시 돌아오지 못할, 멀고 먼 길을 떠나던 그날도 나는 해리를 만나러 병원에 갔었다. 해리의 방은 스님이 사는 작은 암자 같은 느낌이 나는 멋진 방이었다. 곳곳이 대나무 보드로 꾸며져 있고 강과 나무들이 그려진 아름다운 그림도 보였다. 나이 많은 해리를 위해 요양병원에서 예의를 갖춰 특별히 마련해준 방이었다. 병원 사람들은 나에게도 몹시 친절하고 공손히 대해주었다. 내가 복도를 지날 때면 "세상에, 73년이나 함께 사셨대!"라며 속삭이는 소리가 들렸다.

나는 해리의 손을 꼭 잡아주었다. 그의 얼굴에 키스하며 곧 퇴원해 집에 갈 수 있을 것이라고 말했다. 해리는 내 이름을 나지막이 부르며 말했다. "사랑해. 바바라." 편안하고 기분 좋은 하루였다. 해리를 만나러 갈 때면 언제나 그랬듯이.

그날 자정 무렵 해리는 상태를 살피러 들른 간호사와 잠시 이야기를 나눴다. 간호사가 기분이 어떠냐고 묻자, 기분이 좋다며 그녀에게 참 좋은 간호사라고 칭찬해주었다. 그리고 간호사가 다른 병실을 살피고 15분쯤 후에 다시 들렀을 때, 해리는 이미 하늘나라로 떠난 뒤였다.

내가 해리에게 간 것은 그로부터 한 시간쯤 후였다. 깊게 주름진 해리의 얼굴은 매우 평온했고 아름다웠다. 나는 차갑게 식어가는 해리의 손을 꼭 잡은 채 서럽게 울고 또 울었다. 73년 동안 날마다 해리의 따뜻한 손을 잡았다. 그런데 그 따뜻했던 손에서 서서히 온기가 빠져나가고 있었다. 해리의 손이 차갑게 굳어질 것이라고는 상상조차 해본 적이 없었다. 온기와 함께 내 영혼도 빠져나가는 듯했다. '지금 해리와 함께 죽을 수 있다면….' 하는 생각 외에는 아무것도 떠오르지 않았다.

얼마나 울었을까…. 시간이 흘러 어느 정도 진정이 되자, 손녀들이 나를 일으켜 세웠다. 나는 해리의 손을 놓아야만 했다. 세상이 무너지는 듯했다. 손녀들이 나를 집으로 데려와 침대에 눕히고 나간 후에도, 나는 해리가 곁에 없다는 사실을 믿을 수 없었다. 잠이 오지 않았다. 나는 뜬눈으로 동이 트는 것을 지켜보았다. 세상에, 해리가 없는 하루가 다 있다니!

우리는 함께 봐뒀던 장소에 해리를 묻었다. 내 부모님이 잠들어 계신 곳과 그리 멀지 않은 곳이었다. 열대지방을 좋아한 해리를 생각해서 평소 즐겨 입었던 초록색 하와이안 셔츠를 입히고, 평상시 늘 끼고 다녔던 프리메이슨Freemason 반지도 끼워주었다. 관 속에 누워 있는 해리는 언제나 그랬듯, 여전히 멋진 남자였다.

우리는 친구에게 힌두교 성전 중 하나인 『바가바드기타Bhagavadgītā』의 내용 일부를 낭독해달라고 부탁했다. 해리가 평소 철학도인 손녀 친타Chinta와 이 성전에 대해 이야기하기를 좋아했기 때문이다. 그날 낭독된 구절은 살아있던 모든 존재는 결코 소멸하지 않는다는 내용이었다. 이 구절은 해리를 잃은 슬픔에 잠겨 있던 모두의 마음을 어루만져주었다.

하관 예배와 이런저런 절차가 끝난 후 우리는 그늘에 말없이 앉아 하염없이 눈물만 흘렸다. 잠시 후면 각자 자동차에 올라 타 묘지를 떠나야 했지만, 우리는 장례와 현실 사이 그 적막한 순간에 그냥 묻혀버렸다.

나는 해리가 잠든 무덤을 바라보며 앉아 있었다. 모두들 나를 걱정하고 있었다. 나는 그들에게 해줄 의미 깊은 말을 떠올려보려고 애썼다. 그 순간 나의 머릿속에 우스꽝스럽고 엉뚱한 말이 떠올랐다. 사실이긴 했지만 정말 생뚱맞은 말이었다. 그 말을 할까 말까 잠시 망설였지만 '뭐 어때?' 싶었다.

"에이그, 아까워라. 저렇게 멀쩡한 이까지 함께 묻다니!"

손녀들은 잠시 놀란 표정으로 나를 쳐다보더니 이내 웃음을 터뜨렸다. 우리는 한참을 웃었다. 해리는 정말이지 치아만큼은 끝내주게 튼튼했다. 그 덕분에 축 처졌던 분위기가 한결 나아

졌다. 나는 생각했다. 그이가 미치도록 그립겠지만 그래도 살아
가야 하리라고.

 1937년부터 2010년 10월까지, 나는 73년간 해리 쿠퍼
라는 남자의 아내로 살았다. 나는 스무 살에 스물다섯 살인 해
리와 결혼했고 아흔세 살에 혼자가 되었다. 혼자가 되었다는
사실을 받아들이고 익숙해지는 데는 시간이 필요했다. 그러나
기꺼이 인정하고 다시 앞으로 나아가기로 다짐했다.
 해리는 나보다 다섯 살이 많다. 그러니까 따지고 보면 내가
‘짠!’ 하고 나타나 착실한 남편으로 만들어주기 전까지 5년간
자유롭게 인생을 즐겼던 셈이다. 그렇다면 나 역시 적어도 5년
동안은 마음껏 즐겨도 되겠지. 그래야 공평하니까.
 결혼해서 살다 보면 다섯 살이라는 차이는 아무렇지도 않게
느껴진다. 물론 나이 많은 쪽이 더 성숙하고 세상물정에도 밝
겠지만, 결혼한 순간부터 두 사람은 또래나 다름없다. 해리가
마흔이었을 때 나는 서른다섯이었고 해리가 여든이었을 때 나
는 일흔다섯이었지만, 우리는 인제나 손을 잡고 함께 걸어가는
친구 같았다. 둘 다 선강한 체질이라 이런저런 문제가 생겨도
꿋꿋하게 회복했다. 항상 그랬기에 우리는 그런 일상에 익숙해
져 있었다.

건강에 급격한 변화가 나타나기 시작한 것은 우리가 은퇴자 보호주거단지로 이사한 후 일 년쯤 지나서였다. 어느 날 해리는 무심코 일어나다 발을 헛디뎌 넘어졌다. 그 바람에 대퇴골에 금이 갔는데 의사는 수술을 받아야 한다고 했다. 아흔이 훨씬 넘은 나이에 수술 결정을 내리는 것은 쉬운 일이 아니었다. 하지만 수술을 받지 않으면 앞으로 거의 모든 시간을 앉아서 또는 누워서만 지내야 한다고 했다. 그렇게 움직임 없이 생활하면 폐렴에 걸릴 위험이 높았고 폐렴에 걸리면 다시는 건강을 회복하기 어려울 터였다. 선택의 여지가 없어서, 해리는 수술을 받기로 했다.

다행히 수술은 무사히 끝났다. 그런데 물리치료를 시작하고 걷는 연습을 해야 할 때쯤 해리가 힘들어하기 시작했다. 눈도 침침하고 귀도 잘 들리지 않는 데다 약해진 다리를 지탱하기 위해 지팡이 등 보행보조기까지 필요해진 해리는 움직이는 것 자체를 두려워했다. 예전에는 아프면 빨리 회복하려고 노력했던 씩씩한 그이였다. 그런데 이제는 '왜 그냥 의자에 앉아서 음악을 듣거나 낮잠을 자면 안 되느냐', '뭐가 그리 급해서 일어나 설어야 하느냐'고 묻기 시작했다. '그냥 하고 싶지 않다'는 것만으로도 걷기 연습을 하지 않을 이유가 되지 않느냐는 것이다.

나는 날마다 요양병동에 있는 해리의 침대 곁을 지켰다. 해리와 함께 밥을 먹고 창밖으로 천천히 흘러가는 구름을 바라보았다. 볕이 좋은 날에는 둘이서 손을 잡고 나란히 앉아 화단의 꽃들이 바람에 하늘거리는 모습을 구경했다. 때로는 내가 해리의 침대에 살며시 기어들어가 같이 낮잠을 자기도 했다. 치료 담당자와 우리 손자, 손녀들이 물리치료와 걷기 연습을 하려고 해리를 데려가면, 나는 말 잘 듣는 강아지처럼 잠자코 앉아서 기다렸다. 해리는 그냥 낮잠을 자면 안 되느냐고 툴툴거리면서도 물리치료를 받아들였다.

  해리와 내가 사는 아파트는 안뜰을 사이에 두고 요양병동과 조금 떨어져 있었다. 저녁이면 누군가 내게 아파트로 돌아가라고 권유했다. 그러면 나는 아파트로 돌아와서 잠을 잤고 친구들과 아침식사를 한 후에 다시 해리 곁으로 돌아가곤 했다. 우리는 많은 말을 하지 않았다. 또 내가 딱히 하는 일도 없었다. 언젠가부터는 밖에 나가 산책하는 것보다 해리 옆에서 꾸벅꾸벅 조는 것이 더 편했다. 해리도 나도 점점 기력을 잃고 있었다.
  나는 해리와 한시도 떨어지고 싶지 않았다. 내가 해리의 병실로 아예 옮겨와서 지내려고 하자 손녀들이 말렸다. 우리가 지내던 아파트는 꽤 좋은 편에 속했는데, 만일 내가 방을 빼버리면 우리가 다시 그곳으로 들어가지 못할 수도 있기 때문이었다. 그리고 해리가 혹여 저세상으로 떠나면 내가 돌아갈 곳이 없어진다는 사실을 걱정스러워했던 것이다. 결국 손녀들의 생각이 옳았다.

나는 해리 곁에 앉아서 많은 생각을 했다. 나보다 다섯 살 많았던 남편은 이제 노인이 되었다. 하지만 나는 아직 기력이 남아 있었다. 어느 날 나는 손녀들에게 말했다.

"든든하고 평범한 남편이었던 해리가 그리워. 해리가 나보다 너무 많이 늙어버린 것 같아."

그 말을 입 밖으로 뱉고 나니 해리에게 미안하고 죄책감이 들었다. 그러나 말로 표현하자, 나의 혼란스럽고 모순된 감정이 어느 정도 정돈되는 느낌이었다.

그 후로 나는 예전보다 더 많은 시간을 아파트에서 보냈다. 친구들과 차를 마시기도 했고 빙고게임도 했다. 새 신발을 사러 쇼핑도 갔고 시내 식당에 다녀와서 인터넷에 리뷰를 올리기도 했다. 꽤 많은 사람이 방문하는 내 블로그에 올릴 동영상도 찍었고 약간 붉은 빛이 도는 색으로 염색도 했다. 그리고 잠을 많이 자던 습관도 버렸다.

여전히 매일 해리를 찾아갔지만 변한 것이 있다면, 병실에 가만히 앉아 저녁시간이 되기를 기다리지 않고 해리와 시간을 충분히 보내고 나의 일상으로 돌아갔다는 점이다. 해리가 이야기하고 싶어 하면 함께 대화를 나눴고 해리가 껴안고 싶어 하면 내가 따뜻하게 안아 입맞춤했다. 해리는 자주 피곤해했는데, 그럴 때면 해리가 낮잠을 자도록 내버려뒀다.

많은 시간 우리는 복도에 있는 긴 소파에 앉아 손을 꼭 붙잡은 채 새장 속의 새가 노래하는 소리를 들었다. 이따금 해리는 작은 새들에 화답이라도 하듯 멋들어지게 휘파람소리를 냈다. 해리와 나는 남은 시간을 그렇게 보내고 있었다. 73년이라는 시간 동안 언제나 함께였던 우리가 이별을 얼마 남겨놓지 않은 그 시간을 말이다.

요양병동의 의료진과 손녀들 그리고 내가 곁에 있었기에 해리는 필요한 도움을 충분히 받을 수 있었다. 그럼에도 해리는 수술 후에 식욕을 많이 잃었다. 식사를 하기는 했지만 예전처럼 맛있게 먹지는 못했다. 먹는 양이 줄면 위도 줄어든다. 거기에다 식욕까지 떨어지면 악순환이 계속된다. 해리는 체중도 줄었나. 의사는 근육이 충분하지 않으면 의자에서 일어나 걷기 힘들 것이라며 우려했다. 해리는 눈에 띄게 약해졌고 주변 사물이나 상황에 대한 흥미도 잃어있다. 결국 해리의 체력을 회복시기기 위해 영양수액을 관으로 주입하기로 결정했다.

그 무렵 해리는 일반 병원에 며칠간 입원해 몸 전체를 꼼꼼하게 검사했다. 이런저런 검사 후 퇴원할 예정이었다. 그런데 검사를 마친 의사가 말하길, 해리의 심장이 정상적으로 작동하리라고 예상되는 기간이 지났다고 했다. 해리는 거의 40년 동안 심장병을 가진 채 살았기 때문에 심장 근육과 동맥의 기능이 거의 한계에 가까워지고 있었다. 내 남편의 크고 튼튼했던 심장이 점차 힘을 잃어가고 있던 것이다.

인간의 몸도 기계와 다를 바가 없다. 기계처럼 시간이 흐르면 결국 여기저기가 낡고 고장이 난다. 평소 자기관리를 잘하고 몸에 좋은 음식을 먹고 활동적으로 생활하고 정기적으로 건강검진을 받으면, 몸이라는 기계가 망가지는 불가피한 시점을 늦출 수 있다. 그럼에도 너무 오랜 세월을 살면 몸은 결국 무너지게 되어 있다. 여자든 남자든 탱탱하던 엉덩이와 가슴이 힘없이 처지고 인공 무릎관절이 필요해지기도 한다. 이가 빠지고 풍성하던 머리칼도 잃게 된다. 노화라는 불가피한 변화의 과정이 해리를 덮치고 있었다.

그런 해리의 모습을 지켜보는 나는 가슴이 아팠다. 그리고 그가 떠나는 상상만 해도 말할 수 없이 겁이 났다. 그래도 나는 운이 좋은 편이었다. 해리가 어느 날 갑자기 내 곁을 떠나지는 않았으니까. 해리 곁에서 조금씩 마음의 준비를 할 수 있었으니 말이다.

지금도 날마다 해리가 떠오른다. 소파에서 깜박 잠이 들어 졸고 있을 때면 이따금 해리가 옆에 와 있는 듯한 기분이 든다. 그럴 때면 해리에게 무언가를 말하려다가 이내 그이가 저세상으로 떠났다는 사실을 깨닫곤 한다. 만약 해리가 옆에 있다면 틀림없이 이렇게 말할 것 같다.

"바바라, 이미 일어난 일은 어쩔 수 없어. 현실을 인정해야지. 우리 오랜 세월 서로 사랑하면서 행복하게 살았잖아. 그러니 현재 당신의 삶에 최선을 다해야 해. 마음 잘 추스르고 씩씩하게 살라고."

가끔 꿈에 나타난 해리는 나를 바라보며 실제로 그렇게 말하기도 한다. 해리의 말이 맞다. 나 역시 그렇게, 씩씩하게 살아가고 싶다. 하지만 지금도 해리를 떠나보낸 슬픔에서 완전히 벗어나지는 못했다. 어떤 날은 견디기가 조금 수월하지만, 어느 날은 사무치게 그리워 견딜 수가 없다. 그런 날은 어쩔 수 없다. 나도 모르게 고인 눈물이 흐르도록 내버려둘 수밖에….

가슴 아픈 일을 겪고 나면 슬픔의 여러 단계를 지나야 정상으로 돌아온다고들 하지만 실제로는 그렇게 단순하지가 않았다.

슬픔은 아주 오랫동안 마음속에 잔잔하지만 깊게 고였다. 나는 내가 느끼는 감정에서 빨리 벗어나려고 서두르지 않았다. 대신 최대한 현재에 충실하고 관대해지려고 노력했다. 해리가 나를 대했던 모습처럼 말이다. 나는 안다. 시간이 약이라는 걸.

나는 가끔 그이가 세상을 떠났다는 사실조차 잊어버리려고 한다. 내가 허락하지 않았으니 그이는 아직 나를 떠난 것이 아니다. 신을 원망하고 싶지는 않다. 설령 원망한다고 해도 그분은 남편을 먼저 떠나보낸 여자가 세상에 나 하나밖에 없는 것은 아니라고 말씀하실 테니까. 그리고 73년이나 행복하게 함께 살았으니 불평할 입장도 아니긴 하다.

보고 싶어 가슴이 미어지더라도 나는 더 강하고 씩씩해져야 한다. 이건 내 인생이니까, 받아들여야 한다. 나는 행복으로 반짝거리는 모든 순간을 경험했으니 운이 좋은 사람이다. 그리고 지금도 여전히 행복하다. 살아있다는 것, 그것만큼 아름다운 축복이 있으랴. 내가 이 세상에 숨 쉬며 살아있다는 것은 해리 쿠퍼라는 남자의 모든 것을 기억하는 누군가가 존재하는 셈이 된다. 그것만으로도 내가 살아갈 이유는 이미 충분하다.

인생이라는 기나긴 길을 걸어오는 동안 내 주변에는 언제나 세상에 빛나는 존재가 되라고 등을 떠밀며 격려해주는 사람들이 있었다. 내가 우울해할 때 내 이야기를 들어주고, 내가 여전히 중요한 존재임을 깨닫도록 이끌어준 사람들 말이다.

슬픔을 겪어내는 방식은 사람마다 다르다. 사랑하는 이를 잃은 후 그것을 극복하고 생을 이어가는 비결은, 살아있다는 것이 축복임을 절대 잊지 않는 것이다. 매순간 즐겁게, 감사하며 살아가는 것. 모든 것은 생각하기 나름이다. 행복하게 산다고 해서 이기적인 사람이 되는 것이 아니며 하늘나라로 간 그 사람을 결코 무시하는 것도 아니다. 살아있을 때 애정이 넘치는 관계였다면, 떠난 사람을 잊지 못하고 헤맬 필요가 없다. 현실의 삶으로 돌아와도 괜찮다는 얘기다. 모든 살아있는 존재는 언젠가 생이 끝나기 마련이니까.

나는 지극히 평범한 여인이다. 남편과 아이들을 먼저 떠나보냈음에도, 매사에 감사하며 사랑하는 이들을 보낸 현실을 받아들였고 세상에는 내 힘으로 어찌할 수 없는 일이 있다는 것을 인정했다. 해리가 없는 세상에서 가끔은 웃고 있는 나를 발견한다. 웃는다고 슬픔이 완전히 사라지지는 않는다. 그렇지만 슬프다고 해서 다시 웃는 일이 불가능한 것도 아니다. 그래서 나는 선택했다, 계속해서 살아가기로!

2장

영혼의 짝은 가슴이 말해준다

첫눈에 반해버린 사랑에 대해

누구는 어리석은 모험이라 할지 모르지만

영혼의 짝은 설명할 수 없는 강렬한 끌림으로 그 모든 것을 덮어버린다.

우리는 운명이었다

해리와 처음 만난 건 1937년, 그러니까 내가 스무 살 때였다. 그때 나는 남자친구가 있었다. 하지만 그는 나에게 그리 충실하지 않았다. 그런 시기에 진지한 해리를 만났으니 내 마음이 송두리째 흔들린 것도 무리는 아니었다.

스물다섯 살의 해리는 내 친구 릴리언Lillian의 큰오빠였다. 릴리언과 해리 그리고 내가 테니스를 치러 가기로 한 날, 해리는 우리 집 거실에서 나를 기다리고 있었다. 내가 치장을 마치고 거실로 나왔을 때, 커다란 갈색 눈을 가진 남자가 함박웃음을 지으며 나를 바라보았다. 꽤 예쁜 릴리언처럼 오빠인 해리도 훈남이었다. 나는 섹시한 다리를 강조하는 하이힐을 신었다. 물론 테니스와 하이힐이 어울리지 않는 조합이란 걸 나도 알았다.

그런데 어차피 나의 테니스 실력은 별로인데다 치마가 아니면 내 섹시한 다리를 보여줄 수 없었으니까.

네트 너머로 공을 주고받으며 얼마간 시간을 보냈을 때, 나는 해리가 내게 호감을 느낀다는 것을 직감했다. 나도 해리가 꽤나 마음에 들었다. 그날 해리는 우리 집으로 돌아와 어머니가 차려준 밥을 함께 먹었다. 그것이 우리의 첫 데이트였다.

두 번째, 세 번째 데이트라고 꼽을 만한 것은 없었다. 그 후로 해리는 항상 내 곁에 있었으니까! 사실 우리에게는 '데이트'라는 말이 필요 없었다. 우리는 늘 함께이고 싶었고 실제로도 그렇게 했다. 고급 식품도매업체 직원이었던 해리는 트럭을 몰고 다니며 식품을 판매했다. 일을 하지 않을 때면 해리는 늘 우리 집에 와서 나와 함께 시간을 보냈다. 해리가 화려한 꽃다발이나 선물을 한 아름 안고 우리 집 문을 두드린 적은 없다. 그가 가져온 것은 언제나 그저 환한 함박웃음뿐이었다. 하지만 나는 그것이면 충분했다.

해리는 정말로 멋진 유대인 청년이었다. 사려 깊고 진중한 성격에 자기 자랑이라곤 도통 모르는 사람이었다. 고지식한 데다 까다롭기로 유명한 우리 아버지도 해리를 환대해주셨다. 어머니 역시 해리를 마음에 들어 하셨고 숙모는 누구보다 해리를 좋아했다. 나보다 세상을 많이 사셨던 그분들이 나보다 먼저 해리의 됨됨이를 알아보셨던 것이다.

그렇게 우리는 사랑을 키워가기 시작했다. 모두가 허리띠를 졸라매는 생활에 익숙했던 대공황 시기에 우리에게 가장 호사스러운 데이트는 드라이브였다. 드라이브를 하면서 서로를 만나게 된 행운에 감사하며 이야기꽃을 피우다가, 배가 고프면 햄버거 가게에 들어가 값싼 메뉴를 시켰다. 그리고 마치 가장 호화스러운 코스 요리처럼 오래 음미하며 식사를 한 후, 해리는 나를 집까지 바래다주었다. 어떤 날은 그냥 길거리를 함께 걸으며 화려한 가게의 쇼윈도를 구경했다. 자동차에 기름을 넉넉히 채울 돈이 있을 때는 조금 먼 산이나 해변을 찾았다. 직접 싼 도시락을 들고 공원에서 오붓한 피크닉을 즐기기도 했다. 황금을 주고도 사지 못할 멋진 풍경이 눈앞에 펼쳐지는 캘리포니아에 산다는 건 정말 큰 행운이었다.

오랜 세월이 흐른 지금도 손으로 만져질 듯 생생하게 기억나는 순간이 있다. 패서디나Pasadena(미국 캘리포니아 주 로스앤젤레스에 있는 도시)에서 영화를 본 날이었다. 다정하게 팔짱을 끼고 걷던 우리는 근처 보석가게 앞에서 걸음을 멈췄다. 그때 해리가 진열장 안의 다이아몬드 반지를 가리키며 "마음 같아서는 이걸 사주고 싶어!"라고 했다. 그 순간 어찌나 가슴이 뛰던지…. 그때 해리가 나를 평생의 짝으로 생각하고 있다는 걸 확실히 느낄 수 있었다. 내 마음속에서만큼은 그 반지는 언제나 내 것이었다.

우리는 만날 때마다 이야기꽃을 피우느라 시간 가는 줄 몰랐다. 해리와 함께 있을 때면 내 머릿속에서 다른 모든 것들이 깡그리 지워지는 기분이었다. 해리를 처음 만났을 때, 내 삶은 무척 단순했다. 학교를 졸업하고 부모님과 함께 살고 있었고 친한 친구도 많지 않았다. 그런 내 삶에 어느 날 불쑥 해리가 들어왔다. 해리의 등장으로 내 삶은 행복감으로 반짝반짝 빛나기 시작했다. 성실하게 직장을 다니고 종종 테니스를 치거나 친구들과 어울리던 해리 역시 마찬가지였다. 단조롭던 해리의 삶에 내가 등장하면서부터 나는 그에게 세상의 중심이 되었다. 그리고 해리는 내가 그 사실을 언제나 느낄 수 있게 해주었다.

해리를 만나기 전 나는 몇 명의 남자친구를 사귀었었다. 키가 크거나 작은 남자, 이런저런 개성을 가진 남자도 만났다. 하지만 내 눈에는 언제나 그들의 단점이 먼저 보였다. 그러니 다음번 데이트 생각이 싹 사라질 수밖에. 그런데 해리는 달랐다. 조용하고 다정했으며 잘난 척하지 않았다. 상상치 못한 면모로 나를 놀라게 하거나 실망시키는 일도 없었다. 늘 솔직했으며 나를 진심으로 대했다. 단점이 하나도 보이지 않아서 불만스러운 일이 생겼을 때도 아무렇지 않게 눈감아줄 수 있었다. 사랑은 상대의 허물까지도 보듬어주게 만드는 힘이 있다는 것을 해리를 만나고 알게 됐다. 해리는 내가 똑똑하고 아름다운 여자라고 했다. 그 말을 들으면 나는 날아갈 것만 같았다. 나에게 온 세상을 다 주고 싶다고도 했다. 과거의 남자들도 그런 식의 말을 했었지만, 해리의 말은 믿을 수 있었다. 사실 나에게는 온 세상이 필요 없었다. 그저 해리와의 시간과 사랑만 있으면 족했으니까.

해리 역시 과거에 만났던 여자들이 있었고 잠자리 경험도 여러 번 있었다. 하지만 해리 역시 내가 다른 여자들과 다르게 느껴진다고 했다. 해리에게 나는 득별한 손재였으며 그는 나를 실제보다 더 똑똑하고 예쁘다고 여겼다. 그 사람 눈에 내가 세상에서 최고라는데 무슨 말이 더 필요하겠는가? 우리는 자연스럽게 인생이라는 밭을 함께 일구어갈 동반자라는 확신을 갖게 되었다.

내가 사람들에게 가장 많이 받는 질문은 "해리를 보고 '바로 이 남자'라는 것을 어떻게 알 수 있었어요?"라는 것이다. 충분히 공감되는 질문이다. 평생의 반쪽을 만나 함께 삶을 꾸려가는 것은 세상에서 가장 어려운 일이기도 하고 또 가장 쉬운 일이기도 하니 말이다. 내 생각에는 본능적인 직감이 이끄는 것 같다. 누군가와 함께 있을 때 숨 쉬듯 편안하다면 우리의 몸과 마음이 그것을 직감적으로 느낀다. 그 사람이 당신 인생의 반쪽이라면 그는 당신 내면에 숨겨진 가장 아름답고 훌륭한 모습을 이끌어내며, 당신도 그 사람에게 그런 존재가 되는 것이다.

세상의 많은 남자가 애인을 공주처럼 떠받들어주고 온갖 번드르르한 말을 쏟아낸다. 하지만 그 화려한 말을 전부 빼고 나면 무엇이 남을까? 당신의 '진정한 반쪽'이라면 굳이 요란을 떨지 않고도 당신을 세상 최고가 된 기분을 느끼도록 해준다. 말없이 그저 함께 있는 것만으로도 꽉 찬 행복감에 젖을 수 있다면, 그 사람이 당신의 진정한 반쪽일 가능성이 높다.

마음속으로 뚜벅뚜벅 걸어 들어와

사람은 누구나 진정한 사랑을 갈망한다. 당신이 누군가를 만나고 있을 때 마음속에 '이 남자가 정말 내 짝일까?'라는 물음이 계속 생긴다면 그는 당신의 짝이 아닐지 모른다. 때가 되었을 때 당신의 반쪽이 나타나면 가슴으로 알 수 있다. 가슴이 '바로 이 사람이야!'라고 말해주기 때문이다.

우리도 그랬다. 나는 사랑에 빠질 남자를 찾으려 애쓰고 애쓴 끝에 해리를 만난 것이 아니었다. 내가 그를 반쪽으로 받아들일 준비가 되었을 즈음, 그가 내 인생으로 뚜벅뚜벅 걸어 들어왔고 우리는 있는 그대로 서로에게 최선을 다하기로 마음먹었다. 그것이 바로 사랑에 빠지고 또 그 사랑을 이어가는 비법이 되었다. 어느 한쪽이 혹은 양쪽 모두 서로에 대한 관심이 사라질 때 사랑이라는 나무는 시들어 버린다.

해리를 만났을 때 나는 금세 편안함을 느꼈다. 그는 알아갈수록 편안한 사람이었다. 나는 운이 좋게도 직감이 발달해 사람들을 만날 때마다 본능적으로 상대의 내면 품성을 감지했고 나와 맞는 사람인지, 내가 좋아할 만한 사람인지, 또는 그렇지 않은지를 읽어냈다. 그것을 정확히 표현할 수는 없지만 대단히 강력하고 분명한 마음의 목소리였다.

연인뿐만 아니라 친구 관계에서도 그렇다. 가치관이 비슷하고 올곧은 성품과 따뜻한 마음을 가진 친구는 방황할 때 올바른 방향을 찾도록 도와준다. 좋은 친구를 만나면 온갖 좋은 것들이 서설로 따라오기 마련이다. 사랑까지도 말이다. 나에 대해 잘 아는 친구는 내가 만나고 있는 이성이 정말로 나에게 맞는 짝인지 나보다 더 날카롭게 분별하며, 때로는 '너무 완벽해서 의심이 가는' 애인에게서 수상한 조짐을 알아채기도 한다. 내 곁에 현명하고 예리한 직감을 가진 친구가 있다면 연애상대를 선택할 때 반드시 그에게 조언을 구하길 바란다. 물론, 최종 결정은 본인이 내려야 하지만 말이다.

직감이 뛰어나지 않아도 사랑이나 우정 문제는 '가슴'이 답을 해주기 마련이다. 자신의 목소리에 귀를 기울이기만 한다면 말이다. 안타깝게도 많은 이들이 자신의 마음이 하는 말을 들을 줄 모른다. 그것이 얼마나 소중한지 알지 못한 채, 내면의 직감에서 등을 돌려버린다. 나는 마음의 소리를 듣고 싶을 때면 마음 가는 대로 걷는다. 그렇게 산책하면서 문제를 객관적인 시선으로 다양한 각도에서 바라본다. 상대와의 관계에 있어 왠지 생각하기 싫은 측면이 있는가? 떠올리면 불안해지거나 걱정스러운 부분이 있는가? 앞으로도 죽 관계를 이어나가고 싶은가?

누군가를 만나고 그에게 자석처럼 이끌리면 순식간에 많은 일이 일어난다. 호감이 느껴지고 완벽해 보이면 붙잡아야 한다는 생각이 들기도 한다. 마음 한구석에서 무엇인가 찜찜하더라도 말이다. 또 상대방에게 육체적으로 끌리면 스스로 억누르기 힘들 때도 있다. 상대를 아는 것도 중요하지만 그에 못지않게 자신을 제대로 아는 것도 중요하다.

진정한 짝을 만나기 위해서는 상대의 내밀한 부분까지 속속들이 알아야 한다. 육체적인 관계를 말하는 것이 아니다. 그 사람의 하루하루가 무엇으로 채워지는지, 일상의 스트레스와 짜증, 내 앞에서 어떤 태도를 보이는지 유심히 살펴보아야 한다. 포용력이 크고 차분한 사람인가, 아니면 불쾌함을 견디지 못하는 조급한 타입인가? 주변 사람을 편안하게 해주고 존중하기 위해 애쓰는 성격인가? 게으르거나 성미가 까다롭고 툭하면 짜증을 부리는가? 아무리 사회적으로 성공하고 말주변이 뛰어난 사람이라 해도 자신에 대한 확신이 없는 사람이라면, 언젠가는 비참함을 드러낼 것이고 함께 있는 사람도 비참하게 만들 것이다.

매력은 지극히 주관적이고 개인적인 것이다. 나에게는 지루하고 따분한 사람도 다른 누군가에게는 재미있고 사랑스러운 사람일 수 있다. 반면에 아무리 사소한 버릇이나 특징이라도 보기 싫고 거슬린다면 그것은 사소한 것이 아니다. 그 작은 습관이 싫어서 도저히 못 견디겠다면, 그 사람은 내 짝이 아니다. 상대의 어떤 섬늘은 눈 감고 넘길 수도 있다. 해리는 평생 동안 '라이브러리library'를 '라이베리'라고 발음했지만 나는 아무렇지도 않았다. 오히려 사랑스럽기까지 했다. 나는 해리의 별난 점들까지 사랑했다.

해리는 소박하고 마음이 넓은 남자였다. 진정한 신사였던 그의 모습에 나는 가장 끌렸다. 나뿐만 아니라 주변 사람들 모두 해리를 좋아했다. 그는 예의 발랐고 항상 옷매무새나 행동거지가 정갈했다. 그뿐만 아니라 우리 가족들을 정중한 태도로 대했다. 그렇지 않은 남자였다면 사귀지도 않았을 것이다. 해리는 학력이 높은 편은 아니었지만 학력이 높은 사람에게 전혀 부족하지 않을 만큼 교양이 있었다. 총명하고 사려 깊었으며 늘 책을 가까이하면서 시야를 넓혔다. 나는 비속어를 스스럼없이 쓰는 사람을 질색했는데, 그의 세련되고 점잖은 말씨도 내 마음을 끌어당겼다.

이상적인 파트너에게 바라는 것은 사람마다 제각기 다르다. 아직 애인이 없다면 심심할 때 한번쯤 목록을 적어보는 것이 좋다. 미래의 배우자가 지니기를 바라는 품성과 특징을 구체적으로 써보자. 그 목록의 내용은 순간의 감정이 아닌 자신의 가치관과도 공명해야 한다. 너무 비판적인 관점으로 치우치지 않게 조심하는 것 또한 중요하다.

세상에 완벽한 사람은 없다. 이성에게 기대하는 요구조건이 너무 까다로우면, 꼭 맞는 파트너가 등장해도 미처 그 사람을 알아보지 못하고 놓치기 쉽다. 사랑을 찾고 싶다면 살아가면서 만나는 모든 가능성에 자신을 열어두는 게 좋다. 스스로 좁은 틀 안에 갇혀 있으면 특별한 기회가 눈앞에 찾아와도 놓쳐버릴

지 모른다.

목록을 적었으면 꼭꼭 접어 서랍에 넣어두었다가, 나중에 누군가에게 홀딱 반해 사랑에 빠졌을 때 그 목록을 잊지 말고 들추어보자. 매력적인 외모를 지녔어도 그 목록에 담긴 품성을 갖추지 못한 사람이라면 과감하게 마음을 접는 것이 좋다. 외모에 끌려 빠지는 사랑은 가장 어리석은 관계다. 섹시한 얼굴과 몸매는 시간의 힘 앞에 무릎 꿇고 말지만, 서로 공유하는 가치관은 평생 지속되기 때문이다. 나는 상대의 내면과 품성이 사랑을 견인하는 바퀴여야 한다고 믿는다.

관계의 그림을 그려보다

해리를 처음 만났을 때, 나는 뉴욕에 있는 아이라[Ira]라는 남자친구와 교제 중이었다. 고등학교를 졸업하고 뉴욕에 사는 친척들을 만나러 갔다가 그분들이 운영하는 기구점에서 몇 달간 일할 때 만난 사람이었다.

혼자서 뉴욕에 간 것은 순전히 내가 원해서였다. 우리 가족은 내가 여섯 살 때 이집트에서 미국으로 이주했고 열네 살 때까지 뉴욕에서 살았다. 어른들은 과일을 팔며 생계를 꾸려갔고 아이들은 미국 문화에 빠르게 동화되었다. 그러다가 우리 가족이 로스앤젤레스로 이사하게 되면서 나는 정든 모든 것을 남겨둔 채 뉴욕을 떠나야 했다. 세월이 흘러 열아홉 살이 된 나는 어릴 적 함께 뛰어놀던 친구들이 몹시 그리웠다. 부모님은 외삼촌들이 잘 돌봐줄 것이라 믿으셨기 때문에 내가 혼자 뉴욕으로 가도 크게 걱정하지 않으셨다.

나는 외삼촌들을 몹시 좋아했다. 외삼촌 두 분 다 굉장히 멋지셨지만 서로 스타일은 꽤 달랐다. 어빙^{Irving} 삼촌은 무척 잘생긴 미남이면서도 고상한 기품이 넘치셨다. 데이브^{Dave} 삼촌은 아이처럼 해맑고 명랑하셨다. 주변 이들을 대할 때 애정이 가득하셨고 누구보다 나를 아끼시고 귀여워하셨다. 나에게 '큐티^{Cutie}'라는 별명도 데이브 삼촌이 붙여주셨다. 데이브 삼촌은 길거리에서 나를 보면 멀리서도 "어이, 큐티!" 하고 크게 부르시곤 했는데, 그럴 때면 나는 사람들 시선이 신경 쓰여 얼굴이 빨갛게 달아올랐다.

뉴욕에 간 지 얼마 되지 않아 아이라를 만났다. 아주 매력적인 아이라는 내게 친구가 필요한 시기에 나타났다. 아이라를 만나기 전에 나에게 관심을 보였던 남자들은 하나같이 별로였다. 나를 아주 사랑한다고 고백한 사람도 있었지만 인연은 아니었다. 다른 여자들은 연애를 할 때 어떤지 모르겠지만, 나는 아니다 싶으면 재빨리 관계를 끝내버리는 스타일이었다. 그런데 아이라는 만나자마자 금세 좋아졌다. 누군가를 헤프게 사랑하는 타입은 아니었으므로, 내가 누군가를 좋아한다는 것은 곧 사랑한다는 의미였다. 아이라는 함께 이런저런 가능성을 탐색하기에 편안한 남자였다.

일도 있고 남자친구까지 생겼기 때문에 뉴욕에 머무는 기간이 예상보다 훨씬 길어졌다. 7개월쯤 지났을 무렵, 나는 가족들이 너무 보고 싶어서 캘리포니아로 돌아가겠다고 아이라에게 말했다. 아이라도 곧 나를 뒤따라오겠다고 했다. 나는 아이라에게 가족들과 만나 서로 마음에 들어 하기 전까지는 우리의 관계를 확신할 수 없다고 했다. 진지한 관계의 남자친구라면 반드시 우리 가족들과도 잘 맞아야 한다는 것이 평소 내 지론이었다.

아이라는 잠시 떨어져 있는 시간을 달래줄 사랑스러운 잠옷을 선물로 주었다. 그때는 선물을 주고받는 일이 무척 조심스럽던 시절이었다. 잠옷은 아주 꼼꼼하게 포장되어 있었는데 나는 방에 혼자 있을 때 몰래 뜯어서 입어보았다. 남자친구한테 정식으로 받은 선물이라는 생각에 한껏 기분이 들떴다. 그 잠옷을 입은 채 그에게 고맙다는 짧은 편지를 써서 보냈다. 왠지

타락한 여자가 된 것 같은 그 기분이 얼마나 야릇하고 짜릿하
던지!

　하지만 나를 따라서 캘리포니아로 곧 오겠다던 아이라는 결
국 오지 않았다. 아이라가 내게 점점 무심해지던 즈음에 해리
가 나타났다. 아이라에게는 안 된 일이지만 해리와 나에게는
더없이 잘된 일이었다.
　우리 집 거실에서 해리를 만난 그날, 나는 그저 릴리언과 테
니스를 치러간다는 생각밖에 없었다. 분명히 해리도 테니스에
만 관심 있었을 뿐 상대가 누가 됐든 개의치 않았을 것이다. 당
시 해리는 지독한 테니스광이었기 때문이다. 그는 포인세티아
파크Poinsettia Park에 있는 조그만 테니스용품 가게를 문턱이 닳도
록 들락거리면서 테니스 라켓을 교환했고 항상 네트를 넘어 날
아오는 공을 완벽하게 받아치려고 애썼다. 그는 날아오는 공을
큼지막한 오렌지라고 상상하면 효과 만점이라고 나에게 조언
했다. 훗날 우리는 테니스 파트너가 결국 인생의 파트너가 될
줄 누가 알았겠느냐며 그날을 떠올리면서 종종 웃곤 했다.
　그해 봄, 우리는 많은 시간을 함께 보냈다. 해리는 오래전부터
알고 지낸 사람처럼 편안했는데 그것은 좋은 조짐이었다. 나뿐
만 아니라 부모님도 해리를 마음에 들어 하셨다. 해리는 예의

바르고 심성이 따뜻해서 우리 가족들과도 잘 어울렸다. 부모님은 해리에 대한 내 의견을 존중해주셨고, 해리가 우리 가족들의 세계로 들어오도록 기꺼이 받아주셨다.

때때로 사람들은 누군가와 사랑에 빠졌다고 믿고 있다가, 생각지도 못한 어느 날 또 다른 사람을 만나는 경험을 한다. 그리고 '바로 새로 나타난 그 사람'이 내 진짜 사랑임을 문득 깨닫는다. 그러면 그 자리에 멈추어 서서, 사귀고 있던 사람과의 관계 그리고 지금 눈앞에 나타난 새로운 사람과 가꾸어나갈 수 있는 관계의 그림을 차분하고 명료하게 머릿속에 그려보고 가늠해본다. 해리가 등장했을 때 바로 내가 그랬다. 그리고 인생에 별다른 반전은 없을 것이라 믿고 있었기에 그와의 만남은 더욱 놀랍고 특별했다. 미국 펜실베이니아 주에서 태어난 남자가 이집트 카이로에서 태어난 여자를 만나 사랑에 빠졌다는 것, 그것도 각자의 고향에서 수천 마일이나 떨어진 곳에서 만나 연인이 되었다는 것은 분명 놀라운 일이나.

사람들은 곧잘 나에게 '소울메이트'라는 말을 믿느냐고 묻는다. 그리고 해리를 나의 소울메이트라고 생각하느냐고 말이다. 우리는 만났지만 나는 우리가 만나지 못했다고 해서 둘 다 평생 짝 없이 살았을 것이라고 생각하지는 않는다. 그저 우연히 서로를 만나게 되었고 그 만남이 행운이었을 뿐이다. 소울메이트란 함께 노력하여 관계를 완성해나가는 파트너이지 우연히 만난 운명적인 대상이 아니다.

사람들은 누구나 완벽한 파트너와 완벽한 관계를 꿈꾼다. 그러나 세상에 완벽한 관계란 없다. 소울메이트란 흠 잡을 데가 없는 파트너를 말하는 것이 아니다. 연인과 행복한 관계를 이어가고 싶다면 상대방의 사랑스러운 모습과 장점뿐만 아니라 단점도 껴안을 줄 알아야 한다. 만일 당신과 그 사람이 큰일을 해내는 데 의견이 일치하고 바라보는 방향이 같다면 작고 사소한 충돌은 대수롭지 않게 넘길 수 있다. 하지만 일상생활에서 사사건건 서로 부딪힌다면, 사소한 일이 더는 사소하지 않게 된다.

나는 소울메이트를 간절하게 고대하던 중에 해리를 만난 것이 아니다. 그러나 그를 만났을 때 내 가슴이 그를 원했고 이 사람은 나와 잘 맞겠다는 직감이 들었다. 나와 해리의 관계가 어떤 방향으로 전개되든 아이라가 준 잠옷을 들고 뉴욕을 떠날 때와는 상황이 달라졌다.

그 당시에 나는 '앞으로 73년 동안 해리와 함께 살아야 하니까 아이라한테 작별을 고하는 게 좋겠어' 하고 생각하지 않았다. 그저 내 앞에 새로운 상황이, 그것도 가슴 떨리는 상황이 펼쳐졌던 것이다. 나는 해리한테 자연스럽게 끌렸고 그를 향해

마음을 열면 어떤 일이 일어날지 궁금했다. 그리고 얼마 지나
지 않아 해리는 내 인생에서 가장 중요한 사람이 되었다.

해리가 평소 자주 하던 말 중의 하나는 "응, 뭐라고?"였다. 그
렇게 묻는 그의 목소리에는 힌없이 다정하고 매력적인 무언가
가 깃들어 있었다. 내가 무슨 말을 하든지 귀를 쫑긋 세우고 들
어주는 누군가가 있다는 것, 세상에서 가장 중요한 사람이 앞
에 앉아있다는 듯 쳐다봐주는 누군가가 있다는 것만큼 기쁜 일
이 또 있을까?

  사실 나는 나중에야 그의 청력이 좋지 않다는 것을 알게 되었
다. 하와이 군복무 시설에 불에 빠진 사람을 구하러 바다에 들
어갔다가 고막이 파열되었다고 했다. 해리의 "응, 뭐라고?"는
잘 들리지 않아서 되묻는 말이었던 것이다. 하지만 그 사실을
알고 난 후에도 난 여전히 해리의 "응, 뭐라고?"라는 말이 매력
적으로 들렸다. 그리고 해리는 어김없이 내 말에 귀를 기울여
주었다.

나를 완벽하다고 생각해주는 남자를 만난 것은 내게 더없는 행복이자 행운이었다. 둘 다 눈에 콩깍지가 씌어 그랬는지도 모르지만, 우리는 서로를 비난하거나 자신만의 잣대로 섣불리 상대를 판단하지 않았다. 서로를 멋진 사람이라고 여겼으며 서로를 실망시키지 않기 위해 더욱 멋진 사람이 되려고 노력했다. 연애 초반에 해리가 "다른 여자들과 달리 당신은 나의 단점을 들추어내지 않아서 참 좋다"라고 말한 적이 있었다. 나는 마음이 통하는 상대에게서는 미운 점을 좀처럼 보지 못하는 타입이었다.

해리를 사랑하게 되면서 나 자신을 더 잘 알게 되었다. 나에게 정말 중요한 것이 무엇인지, 어떤 어른이 되고 싶은지 등을 깨달았다. 무엇보다 해리가 내 삶에 등장한 이후로는 다른 남자를 만나고 싶은 생각이 전혀 들지 않았다. 해리와 관계가 깊어지면서 친구들 몇몇과는 차츰 멀어졌고, 애인이 있어서 더블데이트를 할 수 있는 친구들은 더욱 가까워졌다. 내게 가장 소중한 친구는 물론 해리였다. 그러나 만일 해리가 나를 가볍게 대했다면 나는 그와의 관계를 정리해버렸을 것이다.

나를 만났을 즈음 해리는 친구들과 어울려 다니는 것에 싫증을 느꼈던 것 같다. 그는 나이에 비해 인생을 알차게 채우며 살아온 남자였다. 언제나 열심히 일했고 군복무도 했으며 펜실베이니아에서 하와이로, 다시 캘리포니아로 삶의 터전을 옮기며 살았다. 우리가 처음 만났을 무렵 해리의 누나는 결혼했다. 그의 친한 친구 몇 명은 결혼을 앞두고 있었고 여동생은 남자친구가 있어서 늘 우리와 더블데이트를 하고 싶어 했다. 그러니 해리 입장에서는 괜찮은 여자를 만나 안정된 생활을 시작하든지, 아니면 함께 어울릴 새로운 친구들을 찾아야겠다는 생각이 은연중에 있지 않았을까? 바로 그 무렵에 우리가 만난 것은 둘 모두에게 정말 다행이었다.

그리고 나로 말할 것 같으면, 연애에 관한 한 진지했다. 파티에서 만난 누군가와 하룻밤 섹스를 즐기고, 그날 기분에 따라 다음 파티에 누구와 갈지를 결정하는 가벼움은 정말 질색이었다. 나는 야무지고 가정적인 남자를 만나고 싶었다. 집에 함께 있는 것을 편안하게 느끼는 스타일 말이다.

해리와 나는 둘 다 '이 사람이 바로 내 사람이야' 하는 확신을 자연스럽게 가지게 되었다. 거기에는 굳이 많은 말이 필요하지 않았다. 시간이 날 때마다 만나서 서로에 대해 조금이라도 더 알고 싶었고 함께 있다는 사실에 행복했다. 영화관에도 서의 가지 않았다. 같이 이런저런 이야기를 나누는 편이 더 좋아서였다.

얼굴을 마주하고 이야기할 수 있는 곳이라면 어디든 훌륭한 데이트 장소였다. 주변 사람들을 도마 위에 올려놓고 시시콜콜 수다를 떨기도 했다. 우리 두 사람을 비롯한 친구들, 가족들이 모두 수다의 재료였다. 해리와 나는 가치관과 세상을 바라보는 눈이 많이 비슷했다. 우리는 우리만의 소박한 방식으로 서로를 더 깊이 알아갔다. 서로 마음에 드는 점이 많았고 더 알고 싶은 점도 컸다.

돈 없는 젊은 연인들이라면 누구든 우리와 비슷할 것이다. 함께 드라이브를 하고 공원을 한가로이 거닐고 식당에 들어가 커피나 간단한 음식을 시켜놓고 서로 손을 잡은 채 시간 가는 줄 모른 채 조잘대고……. 그 사람이 집까지 데려다주면 집 앞에 오래도록 앉아 서로 어루만지고 키스하고 그를 보낸 다음에는 침대에 누워 눈을 꼭 감은 채 달콤했던 키스를 자꾸만 자꾸만 떠올리는 일 말이다.

특별한 날이면 차이나타운에 가서 25센트를 주고 푸짐한 식사를 즐겼다. 해리는 '칠리 볼^{Chili Bowl}'이라는 식당을 좋아했다. 카운터가 둥그런 모양으로 되어 있는 곳이었는데, 웨이터가 몸을 기울여 손님 담배에 불을 붙여주곤 했다. 우리는 맥도널드에도 자주 갔다. 당시 맥도널드는 지금과 같은 체인업체가 아니었다. 음식 맛이 꽤 좋았고 식당 분위기도 깔끔했다.

나는 외출복 세 벌을 다 낡을 때까지 번갈아가며 입었다. 머리는 언제나 단정하게 빗었고 화장은 거의 하지 않았다. 립스틱은 일 년에 한 번 바를까 말까였다. 하지만 이집트 출신답게 아이라인은 꼭 그렸다.

토요일 밤이면 해리는 내 블라우스에 치자나무 꽃을 꽂아주곤 했다. 그 향기가 어찌나 달콤하고 매력적인지, 다음 날 아침이면 방 안이 온통 은은한 꽃향기와 그의 기억들로 가득했다.

우리여서 행복한 나날들

해리와 내가 연애하던 1930년대에는 우리 같은 연인이 택할 수 있는 길이 그리 많지 않았다. 약혼을 하고 결혼 날짜를 잡든지 아니면 관계를 정리하고 헤어지든지 둘 중 하나를 택해야만 했다. 당시만 해도 혼전 동서란 상상하기 힘들었다. 우리는 진심으로 서로 사랑한다는 것을 알았고 자연스럽게 그다음 단계로 넘어갔다.

요즘은 약혼한 후 한참 있다가 결혼하거나 결혼 전에 동거를 하는 일도 많다. 나중에 결혼에 골인을 하든 그렇지 않든 깊이 사랑하는 커플이라면 먼저 살아보는 것도 좋은 방법일 것이다.

그건 어디까지나 당사자들끼리 결정해야 할 문제다. 나는 "공짜로 우유를 얻을 수 있는데 무엇 하러 젖소를 사는가?"(결혼하지 않아도 성적 욕구를 해결하고 연애의 이점을 누릴 수 있으므로 굳이 결혼해서 책임과 의무를 부담할 필요가 없다는 뜻이다. ― 옮긴이)라는 말에 동의하지는 않지만 사람들이 이런 말을 하는 데는 이유가 있다. 결혼 전에 사적인 생활을 공유하며 지내는 것이 편안하게 느껴지지 않는다면, 그 사람과의 결혼을 재고해봐야 한다. "시간을 좀 더 가져보자"고 하루 빨리 말하는 것이 바람직하다. 만일 상대방이 거기에 동의하지 않는다면, 둘 다 자신에게 더 잘 맞는 짝을 찾는 편이 낫다.

만일 애인과 동거를 고려한다면, 그 사람을 속속들이 알고 서로를 지극히 편안하게 느낄 때 시작하는 것이 좋다. 또 아무리 상대를 좋아하더라도 자신의 가치관을 저버려서는 안 되며, 상대방에게도 양보를 강요해서는 안 된다. 사실 나는 동거에 반대한다. 두 사람이 정말로 마음이 통하고 애정이 깊으며 함께하고 싶다면, 결혼을 고려해보는 편이 낫다.

만약 눈부시게 화려한 결혼식을 치를 만한 경제적 여유가 있다면 그렇게 해도 좋다. 그러나 정말로 중요한 것은 두 사람이 남편과 아내가 된다는 사실, 그리하여 한 배를 타고 인생을 시작한다는 사실이다. 결혼식장의 테이블이 어떤 꽃으로 장식되어 있는지, 웨딩드레스가 얼마나 화려한지, 결혼식장의 스테이크가 얼마나 두툼한지 하는 것들은 두 사람의 앞날과 아무런 관계가 없다. 가식과 포장 없이 서로의 진짜 모습을 알아가는 것, 그것이 진정한 결혼의 의미 아닐까?

두 남녀는 결혼으로 하나가 된다. 그렇게 하나로 엮어진 삶은 신랑과 신부 모두에게 낯설면서도 가슴 뛰는 무엇이며, 이제 두 영혼은 새로 시작되는 인생을 온전히 받아들여야 한다. 적어도 해리와 나는 그랬다.

함께 있는 것이 매우 행복했던 우리는 시간이 갈수록 '이 사람 아니면 안 된다'는 확신이 섰다. 그런 우리에게 결혼이라는 단어는 자연스럽게 다가왔다. 나에게 해리와 결혼하라고 권유한 사람도 없었고 해리도 내게 결혼을 '청하지' 않았다. 해리는 그저 이렇게 말했을 뿐이었다. "바바라, 우리 결혼해야지."

그의 말에는 물음표가 달려 있지 않았다. 그의 말에는 어떤 부가설명도 필요 없었다. 하지만 통고와도 같은 그 말이 얼마나 기뻤는지. 우리는 몇 개월 후로 결혼식 날짜를 잡은 뒤 본격적인 준비에 들어갔다.

물론 우리가 가장 먼저 한 일은 가족들의 축하를 받는 자리를 마련하는 것이었다. 우리 부모님, 해리의 누나 부부, 해리, 나, 이렇게 함께 할리우드의 근사한 나이트클럽에 가서 외식을 했다. 그날 우리 아버지가 웨이터에게 "여기 젊은 아가씨가 칵테일을 마셔도 좋다고 내가 허락했소"라고 말했을 때 나도 모르게 웃음이 났다. 아버지의 그 말이 성인으로서의 내 삶, 해리와 함께하는 삶이 시작되는 출발점처럼 느껴졌다. 나는 그날 칵테일을 정말 맛있게 음미했다.

 나와 결혼하겠다는 해리의 속마음을 나보다도 먼저 안 것은 우리 아버지였다. 해리가 예금통장을 들고 우리 아버지를 찾아가서 딸과의 결혼을 허락해주실 수 있느냐고 물었던 것이다. 그때 해리의 통장에 들어 있는 돈은 116달러였다. 형편없는 수준은 아니었다. 게다가 해리의 회사 사장은 해리가 결혼하면 주급을 5달러 인상해 27달러로 책정해주겠다고 약속했었다. 아버지는 통장과 해리의 얼굴을 번갈아 보고는 잠시 생각에 잠기더니 결혼을 승낙하셨다. 아버지도 직감하셨던 것이 분명하다. 우리가 서로를 깊이 사랑하고 아낀다는 사실을 말이다. 그리고 해리가 가슴 따뜻하고 믿음직한 남자라는 사실도.

 결혼을 약속하고 얼마 되지 않았을 때, 해리는 나에게 친한 친구들(물론 곧 나한테도 좋은 친구들이 되었다)인 지미 레오네티^{Jimmy Leonetti}와 마리^{Marie}의 결혼식에 참석하자고 했다. 당시 해리는 레오네티 집안 남자들과 함께 살고 있었는데, 지미가 결혼을 하면 그는 다른 곳으로 이사해야 했다. 나는 물론 적극 찬성이었다. 친구의 사랑이 결실을 맺는 자리에 해리와 함께한다는 것은 나에게도 소중한 경험이었기 때문이다.

겉치레라곤 전혀 찾아볼 수 없는 소박하고 예쁜 결혼식이었다. 지미와 마리 둘 다 아름다웠다. 마리는 남의 흉을 볼 줄 모르는 심성 고운 여자였고 지미도 멋지고 착한 남자였다. 누군가가 콘서티나concertina(작은 아코디언처럼 생긴 악기 — 옮긴이)를 연주했고 지미의 형제인 마이크Mike가 손수 테이블을 차렸다. 와인, 이탈리아식 소시지 살라미salami, 피글이 소박하게 준비되었다. 둘은 이제 막 인생의 출발선에 섰고 함께 소박하지만 아름다운 결혼식을 준비한 터였다.

아마도 친구가 결혼하는 모습을 본 해리는 남달랐을 것이다. 몇 달 후면 우리도 같은 길을 걸을 테니까 말이다. 우리 아버지에게 보석상 친구가 있어서 우리는 결혼 반지를 싸게 살 수 있었다. 그리고 얼마 지나지 않아 해리의 여동생 릴리언도 애인인 레오 스타인버그Leo Steinberg와 결혼하기로 했다. 레오는 참으로 멋지고 믿음직스러운 남자였다.

그렇게 주변 이들의 결혼을 보면서, 나는 두 남녀가 서로를 사랑할 수 있는 적절한 때에 만나 인연을 맺는다는 것이 얼마나 중요한지 새삼 느꼈나. 눌 중 어느 한쪽이라도 서로의 사랑에 확신이 없으면 그 관계는 언젠가 깨지기 마련이다. 해리와 나는 서로를 받아들일 준비가 되어 있었고 또 기꺼이 그렇게 했다. 내 나이 스무 살, 당시로서는 결혼하기에 아주 어린 나이는 아니었다. 나는 해리를 보면서 생각했다. '그래, 나보다 나이 많은 남자가 좋지.'

어찌 보면 다섯 살은 그리 큰 차이가 아닐 수도 있지만 나에게는 해리가 아주 어른스럽게 느껴졌다. 해리는 이미 군대도 다녀왔고 지미와 마리의 결혼 이후로는 혼자 살 아파트도 계약했다. 그러니 나보다는 세상 돌아가는 일을 훨씬 잘 아는 사람이었다. 게다가 안정적인 직장도 있었다. 대공황 시기였던 그때 직장에 다닌다는 것은 결코 사소한 장점이 아니었다.

해리는 누구보다 성실하게 일하는 타입이었다. 그래서 내가 부모님 곁을 떠나 그와 함께 산다고 생각해도 무척 든든했다. 해리는 "쿠퍼의 행운"이라는 표현을 즐겨 썼다. 우리는 어떤 상황에서도 무모한 행동을 하지 않았고, 위험을 무릅쓸 수밖에 없는 경우에도 그럭저럭 잘 헤쳐나갔다. 우리는 경제적 파산에 이른 적도 없었고 엄청나게 많은 돈을 번 적도 없었다. 하지만 필요한 것을 채우고 아이들을 키울 수 있는 만큼의 돈은 늘 충분했다.

나는 그것이 행운이라고 생각하지 않는다. 유대인 말에 '베

셰트^beshert’라는 단어가 있다. ‘운명 지어진’이라는 뜻인데 해리
와 나의 만남과 인생을 표현하는 데는 이 말이 적절하지 않을
까. 우리는 맺어질 수밖에 없는 운명이었다. 서로를 있는 모습
그대로 사랑했다. 현실을 직시하며 엉뚱한 환상을 품지 않았고
그저 ‘우리’여서 행복했다. 해리는 해리의 모습대로 나는 나의
모습대로 그렇게 서로에게 미끄러져 들어가 ‘새로운 하나’가
되었다.

3장

새로운 인생의 출발점에 서다

완벽하지 않은 남자와 요리 못하는 여자가
새로운 인생의 출발점에 섰다.
부족한 것은 문제가 되지 않았
그들은 언제나 서로에게 가장 완벽한 짝이라는
사실을 믿어 의심치 않았

1937년 미국의 결혼 문화는 오늘날과 꽤 달랐다. 웨딩잡지 같은 것도 없었고 받고 싶은 결혼 선물목록을 만드는 사람도 내 주변에는 없었다. 만일 누군가가 결혼식장의 장식 색깔이나 하객에게 줄 선물, 웨딩케이크 속에 넣을 재료 같은 것을 물어봤다면, 우리는 아마 '그런 걸 왜 우리에게 묻지?' 하는 표정을 지었을 것이다. 신랑과 신부인 우리가 주인공이기는 하지만 하나부터 열까지 우리 둘이 기획하고 진행하는 결혼식은 아니었다.

일단 약혼을 하면 결혼식장에 걸어 들어가기까지 일사천리로 진행되기 마련이다. 우리 가족은 독실한 신사는 아니었지만 그래도 결혼식은 예배당에서 해야 한다고 생각했다. 점잖고 깔끔한 옷차림으로 참석한 하객들, 적당한 음악과 파티 분위기, 정성스럽게 준비한 맛있는 음식도 갖추어야 했다. 결혼하는 것은 나였지만 결혼식의 기획과 준비는 내 몫이 될 수 없었다. 고작 스무 살의 처녀가 뭘 알겠는가? 아버지가 그 역할을 주도적으로 맡으셨고 그래서 나는 무척 든든하고 안심이 되었다.

아버지 루이스[Louis]는 현재 우크라이나에 속하는 러시아 헤르손[Kherson]에서 태어나셨다. 굉장히 멋지면서도 까다로운 신사 스타일로, 이집트 카이로에서 상인으로 일하며 생계를 꾸리기 시작했다. 아버지는 타고난 기지와 카리스마에 장사 수완이 무척 뛰어났다. 우리 가족이 뉴욕을 거쳐 로스앤젤레스로 이사한 직후 아버지는 선셋[Sunset] 대로에서 중고 자동차 타이어 판매점을, 나중에는 신발 할인 판매 사업을 했다.

1936년 10월, 어느 날 뜻밖의 행운을 만났다. 아일랜드 병원 경마 복권에 당첨된 것이다. 그 덕분에 우리 집에는 약 3천 달러가 생겼다. 지금으로 치면 5만 달러쯤 되는 큰돈이었다. 해리와 나의 결혼이 결정되자 아버지는 그 돈으로 곧바로 근사한 파티를 준비하기 시작했다.

우리 집에서 나의 결혼식은 특별한 의미가 있었다. 나는 맏딸이었고 부모님과 사이도 각별했다. 게다가 1920년대에 이집트를 떠나온 이후로 직계가족 중에서 첫 번째로 이루어지는 결혼이었다. 아버지는 사랑스러운 맏딸의 혼인을, 그리고 이민자로서 미국에 훌륭하게 정착한 자신의 능력을 사람들에게 보여줄 기회를 평생 기다려오신 분이었다.

아버지는 결혼식 피로연의 메뉴를 정하고 초대할 하객 목록을 만들고 결혼식 장소를 물색하는 그 모든 과정을 즐거운 마음으로 진행하셨다. 아직 대공황 시기였기 때문에 사치스러울 정도로 비용을 들이지는 않았지만 나름대로 멋지게 계획했다.

그럼에도 내 눈에는 그런 것들이 전혀 들어오지 않았다. 그저 사랑하는 해리와 결혼한다는 행복감에 마냥 들떠 있었을 뿐이다. 우리는 그저 결혼식장에 들어서기만 하면 되었다.

요즈음 약혼한 젊은 커플들은 가족과 갈등을 겪는 경우가 많다. 결혼식 준비를 누가 책임질 것인지, 누가 비용을 감당할 것인지, 하객을 몇 명이나 초대할 것인지 등등을 놓고 가족들과 의견충돌이 일어나는 것이다. 그러다 보면 사랑하는 남녀가 하나가 되어 새 출발을 한다는 중요한 사실은 온갖 사소한 문제와 스트레스에 뒤넘겨 저만치 밀려나고 만다.

그런 면에서 나는 참 운이 좋았다. 웨딩드레스와 헤어스타일만 챙기고 결혼식에서 내가 말할 문구만 외우면 되었으니까 말이다. 결혼 서약문의 내용은 지극히 평범한 내용이라 기억하기 어렵지도 않았다. 하얀색 새틴 소재로 만들어진 웨딩드레스는 내 마음에 쏙 들었다. 부케도 매우 예뻤다. 모든 게 순조로웠다.

그런데 헤어스타일 때문에 고생할 줄이야!

결혼식 날은 특별한 헤어스타일을 해야 한다는 조언을 듣고 나는 미용사에게 머리를 맡겼다. 그런데 머리 손질이 다 끝난 후, 나는 기절할 뻔했다. 귀엽고 깔끔한 스타일은 온데간데없고 뻣뻣하게 힘이 잔뜩 들어간 헤어스타일을 한 내 모습이 거울에 비쳤다. 마치 딴 사람 같았다. 내가 어떤 머리를 하든 해리 눈에는 예뻐 보였을 테지만 고슴도치 가시를 머리에 얹어놓은 것 같은 모습으로 하객들 앞에 설 수는 없었다. 나는 곧장 집으로 달려가 머리를 박박 감고 내가 좋아하는 스타일로 다시 했다.

1937년 9월 18일. 해리와 내가 하나가 된 그날을 어찌 잊을 수 있을까. 우리는 지역의 유대교 회당에서 결혼식을 올렸다. 몹시 간소하고 아름다운 결혼식이었다. 그리고 해리가 유리잔을 힘껏 밟아 깨트리는 것으로 식이 마무리되었다(유대교에서는 결혼식 마지막에 신랑이 유리잔을 밟아 깨트리는 풍습이 있다. — 옮긴이).

결혼식을 치른 것만으로도 해리와 나는 충분했지만 아버지는 거기서 끝낼 수는 없으셨나 보다. 결혼식이 끝나고 우리는 파티를 즐기기 위해 윌셔 Wilshire 대로에 있는 화이트 하우스 카페 White House Cafe로 자리를 옮겼다.

그날 온 하객은 130명쯤이었는데 그중에 내가 아는 사람은 10

명 남짓이었다. 해리와 나는 친구가 그다지 많지 않았고 우리 가족들은 숫자가 적은 편이었으며, 해리의 친지들은 대부분 동부에 살고 있었다. 참석 가능한 친척과 지인을 모두 초대했지만 카페에서의 파티는 아버지와 사업상 지인들을 위한 것이었다고 해도 과언이 아니었다. 다들 마음껏 음식을 즐겼고 흥겹게 춤추었으며 자신들의 결혼식을 회상하면서 이야기꽃을 피웠다. 또 벨리 댄서들과 칼을 삼키는 곡예사들을 구경하며 즐겼다.

아버지는 우리의 결혼식을 쇼가 펼쳐지는 파티로 만드신 셈이었지만 나는 마냥 즐거웠다. 해리는 배가 고팠는지 티본스테이크를 정말 맛나게 먹었다. 그리고 한창 분위기가 무르익었을 때 사람들이 의자에 앉은 나를 의자채로 들어 올리며 환호하고 축하해주었다. 이것이 유대인들의 전통 결혼식이었다. 높이 들어 올려진 나는 조금 무서웠다. 하지만 사람들이 오랫동안 지켜온 전통에는 나름의 이유가 있을 테고 나는 이 값진 경험을 하게 된 것에 만족했다. 깊은 밤이 되어 차를 타고 호텔로 가는 길에 해리가 내게 말했다.

"온 세상을 다 가진 기분이야!"

해리는 1918년 독감이 유행할 당시 어머니를 여의고 아버지와도 떨어져서 자랐기 때문에, 유대인 가정의 일원이라는 기분을 좀처럼 느끼시 못하고 살아왔다. 이제 한 여인의 충실한 남편이 됨으로써 그 자리를 메울 수 있게 되었다. 피로연 비용은 우리 아버지가 냈지만 결혼식 자체에 든 비용은 해리가 당당하게 지불했고 주례를 봐주신 랍비에게도 감사의 의미로 2달러를 전달했다. 랍비는 농담을 덕담으로 건넸다.

"어떻게 결혼했냐고 묻걸랑 굉장히 싼값에 아내를 샀다고 답하게 나!"

그날 우리를 축복해주러 온 모두가 이렇게 말하는 것 같았다.

"웨딩케이크 꼭대기에 있는 조그만 커플 인형처럼 예쁘고 사랑스러운 부부야."

사람들에게는 해리와 내가 아직 철없는 신혼부부로만 보였을지도 모른다. 그러나 우리 둘은 성인으로서의 인생을 함께 가꾸어나갈 준비가 되어 있었다.

그 시절, 우리는 참 많이 웃었다

그렇게 해리와 나는 부부가 되었다. 지금 생각해보면 회오리바람처럼 눈 깜짝할 새에 많은 일이 일어났다. 인생이 어떻게 펼쳐질지 알지 못한 채 캘리포니아로 돌아와서 5개월 후에 해리를 만났고 뉴욕의 남자친구와 이별을 했다. 그리고 결혼이라는 문을 지나면서 내 삶은 전과는 전혀 다른 색깔을 띠기 시작했다.

결혼할 때까지 해리와 많은 시간을 함께 보냈지만 그에 대해 모르는 부분도 많았다. 우리는 함께 밤을 보낸 적이 없어서 아침에 깨어날 때 그가 어떤 모습인지 알지 못했다. 해리 역시 내가 일어나기 싫을 때 누군가가 깨우면 짜증을 부린다는 사실을 몰랐다. 그럼에도 막 시작된 결혼생활에 가슴이 설레고 있다는 것만은 확실했다.

결혼하고 우리의 첫 번째 과제는 신혼여행이었다. 첫날밤은 패서디나에 있는 콘스턴스 호텔Constance Hotel에서 보냈다. 그리고 둘째 날 숙소는 빅 베어Big Bear 호수 근처에 있는 호텔을 택했다. 아버지가 사업상 알고 지내는 지인이 괜찮은 호텔을 저렴하게 묵을 수 있도록 도와주신 덕분이었다.

빅 베어 호수가 있는 산은 로스앤젤레스에서 겨우 160킬로미터쯤 떨어져 있있지만 그래노 외딴 지역에 속했다. 우리는 그곳에 가서 무엇을 할지 막연했지만 일단 편한 야외 활동복을 챙겼고 활과 화살두 가지고 갔다. 해리는 활쏘기를 무적 좋아했던지라 사냥꾼이 된 기분으로 숲속을 누비먼 재미있을 것 같다고 했다.

나는 마지막 순간에 테니스 라켓과 일요일자 신문도 챙겼다. 고작 스무 실짜리 순신한 아가씨가 여행 가방을 들고 남자와 나란히 호텔 프런트 데스크로 걸어 들어갈 생각을 하니 낯이 화끈거렸던 것이다. 사람들이 우리의 뒤통수에 대고, "어머나, 저기 발랑 까진 커플 좀 봐! 남부끄러운 줄 알아야지 원!" 하고 수군거릴 것만 같았다. 그래서 나는 사람들이 테니스 라켓과 활쏘기 장비를 보고 우리가 섹스가 아니라 스포츠에만 관심 있는 커플이라고 여기길 바랐다.

지금 되돌아보면 사람들은 전혀 이상하게 생각하지 않았을 것이다. 우리는 수많은 신혼부부 가운데 하나였을 뿐이니까. 부부가 되어 처음으로 여러 날을 함께한 그 호텔 방 풍경은 여느 신혼부부들과 크게 다르지 않았다. 누가 먼저랄 것도 없이 서로에게 다가가 짜릿한 밤을 보냈다. 사실 서로를 마음껏 만지고 싶은 마음이 결혼을 앞당기기도 했다. 신혼여행을 떠나는 순간, 나는 내가 사랑하고 또 나를 사랑해주는 남자와 잠자리를 함께해도 된다는 허가증을 얻은 셈이었다. 다행히 우리는 잠자리에서도 잘 맞았다.

체크인을 할 때는 남들 시선을 의식하며 수줍어하던 나였지만 한 번도 쓰지 않은 테니스 라켓과 무슨 기사가 실렸는지도 모르는 일요일자 신문을 들고 호텔에서 나올 때는 진짜 결혼한 여자가 된 기분이었다.

우리는 새로운 삶이 우리를 기다리고 있는 로스앤젤레스로 다시 향했다. 해리와 나는 설렘과 기대로 부풀어 있었다. 같은 공간에서 함께 먹고 자고 숨 쉬며 생활할 수 있다니! 우리끼리 아기자기한 삶을 꾸려갈 수 있다는 기대감에 모든 것이 설레고 기쁘기만 했다. 우리만의 첫 보금자리를 갖는다는 것, 매일 얼굴을 마주보고 밥을 먹는다는 것, 함께 토스트를 굽는다는 것…. 그 시절, 우리는 참 많이 웃었다.

신혼 시절 우리의 삶은 여느 부부와 다름없이 평범했다. 집 안을 청소하거나 키스하거나 말다툼하거나 요리를 하는 그런 생활 말이다. 가끔 영화도 보러갔다. 우리 집에는 텔레비전이 없었다. 라디오는 있었지만 하루 종일 틀어놓지는 않았다. 해리와 나는 가끔 라디오 연속극을 듣거나 다른 행성에 생명체가 살 가능성과 같은 이야기에 귀를 기울였다. 그 시절에는 그런 것들이 극장을 대신했다. 매주 돌아오는 라디오 연속극 시간이 은근히 기다려지곤 했다.

하지만 우리는 대부분의 시간을 이야기하며 보냈다. 해리는 퇴근하고 돌아오면 그날 일어난 일을 들려주었다. 물건을 배달하다가 문제가 생겼던 일, 직장상사가 해준 재미난 이야기, 운전하다가 길거리에서 본 특이한 광경 등등. 나 역시 하루 종일 있었던 일을 조잘댔다. 시장에 갔던 일, 이웃집 사람이 한 말, 내가 못

본 영화의 내용을 누군가가 들려준 일에 이르기까지 이야깃거리
는 항상 넘쳤다. 어찌 보면 하나도 중요하지 않을지도 모르는 시
시콜콜한 것들까지 전부 대화의 소재가 되었다. 그렇게 재잘재잘
수다를 떨고 나면 마치 둘이 함께 하루를 보낸 느낌이었다.

갈등과 다툼이 적어야 결혼생활이 행복할 수 있다. 물론 두 사
람이 아무런 노력 없이 갈등과 충돌을 피할 수 있는 것은 아니
다. 그러기 위해서는 '말하기 전에 생각하는' 노력이 중요하다.
나는 말다툼을 하다가 화가 치밀어 오르면, 일단 크게 심호흡
을 한 다음 대화의 흐름을 바꾸곤 했다. 해리에게도 그렇게 하
라고 차분하게 말했다.

"이것 때문에 내가 왜 이렇게 흥분하는 걸까? 당신이 내 기분
을 좀 이해해주고 내가 진정할 수 있게 도와주겠어?"

스스로 감정적인 상태임을 인정하기만 해도 화가 어느 정도
가라앉는다. 부부 사이의 갈등은 불과 같다. 사소한 싸움은 작
은 불씨처럼 쉽게 끌 수 있지만 그것이 커다란 불로 번지면 수
습하기 어려워질 수도 있다. 그러니 어느 순간 화가 나더라도
그것이 눈덩이처럼 커지도록 해서는 안 된다. 그럴 때는 차라
리 대화를 중단하고 밖으로 나가 다른 일을 하는 것이 도움이
된다. 이왕이면 화나는 일을 속으로 곱씹을 짬이 나지 않을 만
큼 바쁘게 몸을 움직이는 일이 좋다. 지혜로운 부부라면, 한쪽

이 "잠깐 진정하고 시간을 갖자"고 제안할 때 나머지 한 명도 기꺼이 받아들여야 한다.

살다 보면 때로 싸워야 할 일도 있지만, 결국 두 사람이 같은 편이라는 사실을 잊어서는 안 된다. 둘 사이에 사소한 말다툼이 일어나더라도 그 사실에는 변함이 없다. 결혼이라는 집을 견고하게 받쳐주는 주춧돌은 서로에 대한 속 깊은 이해 그리고 함께 있을 때 느껴지는 안정감이다. 그것만 있으면 살면서 겪게 되는 그 어떤 갈등도 헤쳐나갈 수 있다.

막막하고 서툴러도 차근차근

결혼생활을 시작하고 가장 막막했던 문제는 '집'이었다. 우리 둘 다 집을 직접 꾸며본 적이 없었다. 나는 결혼 전까지 부모님과 같이 산 데다 별명이 '공작부인'이었던 엄마가 온 집 안을 근사하고 안락한 분위기로 꾸미셨다. 그리고 채리는 창작 시설에 여러 사람들과 함께 생활했지만 늘 두숙객 같은 존재였을 뿐 집주인이었던 적이 없었다.

신혼살림을 차린 아파트의 넝 빈 벽을 보았을 때 어찌나 막막했던지. 우리는 둘만의 힘으로 모든 것을 해결해야 했다. 우리의 신혼집은 사는 데 꼭 필요한 공간만 갖춘 아담한 크기였다. 침실 하나에 거실 하나 그리고 주방이 있었다. 뉴욕이 아니라 캘리포니아였지만 대도시 공동주택과 비슷한 분위기였다. 같은 건물 안에 여러 세대가 살았고 우리 집으로 가려면 공동공간을 통과해야 했다.

신혼여행에서 돌아오자마자 우리는 본격적으로 생활전선에 뛰어들었다. 아니, 우리라기보다는 해리가 그랬다. 해리는 아침 일찍 출근해서 하루 종일 트럭을 몰고 다니며 일했다. 나는 아니었다. 나는 직업이 없었고 또 그럴 능력도 없었다. 뉴욕에서는 삼촌들 덕분에 잠깐 일을 할 수 있었지만 로스앤젤레스에는 내게 일자리를 주선해줄 만한 친척이 없었다. 그리고 그때는 결혼한 여자는 집에서 살림하는 것이 당연하다고 여기던 시대였다. 해리가 밖에 나가 일하는 동안 나는 집을 관리해야 했고 거기에는 여러 가지 책임과 의무가 따랐다.

솔직히 말하면, 무엇을 하면서 시간을 보내야 할지 알 수가 없었다. 젊은 시절의 나는 주체할 수 없을 정도로 남아도는 시간을 공상을 하며 보내곤 했다. 청소나 실내 장식을 해보려고 했지만 어디서부터 손을 대야 할지 막막했다. 조금 부끄러운 말이지만 나는 지루하고 따분했다. 만약 지금의 내가 타임머신을 타고 가서 그때의 나를 만날 수 있다면, 문밖으로 등을 떠밀면서 이렇게 말해주고 싶다.

"집에만 있지 말고 밖에 나가서 재미있는 일을 찾아봐! 넌 아직 젊은 데다 멋진 동네에 살고 있잖아. 미술관 구경도 가고 관심 있는 강좌도 듣고 친구들도 만나란 말이야. 무의미하게 시간을 흘려보내지 말고 오늘 할 수 있는 일이 뭐가 있을까 열심히 찾아봐!"

다행히 시간이 흐르면서 나는 생활을 즐길 방법을 조금씩 터득해갔다. 그리고 평생 함께할 친구들과 친해지기 시작했다. 바로 공공도서관에 있는 책들이었다. 바쁠 때면 잠깐 짬을 내어 '시간이 있을 때 하고 싶은 일들'을 적어보았다. 그러면 나중에 여유시간이 생겼을 때 마땅히 할 일을 찾지 못해 무료해질 일이 없었다. 그 목록을 들추어보면 되니까.

신혼시절을 생각하면 지금도 잊히지 않는 장면이 있다. 건물 관리를 맡은 남자들이 가끔 우리 집 문을 열쇠로 열고 고개를 쑥 들이밀어 내 얼굴을 확인하곤 했는데, 그들은 정중했지만 나는 그때마다 깜짝깜짝 놀랐고 당황스러웠다.

지금 생각하면 그들이 왜 그랬는지 알 것 같다. 우리 집이 너무 조용해서 걱정이 된 나머지, 안에 사람이 제대로 살고 있는지 확인하려고 그랬을 것이다. 당시의 나는 이웃사람들과

도 친하지 않았고 아이도 없었으며 라디오를 틀어놓을 생각
도 미처 하지 못했다. 그러니 그 사람들이 혹시라도 무슨 문
제가 없는지 확인하러 온 것이다. 지금 같으면 그와 같은 사
생활 침해를 도저히 참지 못했겠지만, 그때의 나는 지금과 퍽
달랐다.

나중에 아이들이 생기고 난 후에는 집주인인 지드[Zid] 부인과 약
간 마찰이 있었다. 그때는 다들 면 기저귀를 사용했고 나 역시
주방에서 삶은 기저귀를 밖에 있는 빨랫줄에 널어서 말렸다. 그
녀는 걸레를 들고 건물의 현관홀을 돌아다니면서 화초 잎사귀
의 먼지를 닦곤 했다. 거기까지는 좋다. 그런데 내가 깨끗하게
빨아 널어놓은 기저귀를 그 더러운 손으로 꼭 만지는 것이었다!
나는 그것 때문에 노이로제에 걸릴 지경이었다. 다른 사람이 더
러운 손으로 우리 아기의 기저귀를 만지는 것은 참을 수가 없었
다. 나는 퇴근하고 집에 온 해리 앞에서 분통을 터뜨렸지만, 내
가 할 수 있는 것은 많지 않았다. 괜찮은 아파트를 찾기가 쉽지
않았기에 그 정도 불만은 감수해야 했다.

나는 기저귀 세탁을 제외하고는 살림 솜씨가 별로 야무지지
못했다. 내 딴에는 열심히 치운다고 해도, 아버지가 우리 집에
오시면 어김없이 먼지 쌓인 곳을 찾아내 손가락으로 스윽 훑으
시고는 “애야, 가구를 닦을 시간이 없었던 거냐?” 하고 말씀하

셨다. 나는 체계적이지 못했다. 방 하나만 깨끗이 청소해놓고는 나머지 부분은 손대지 않고 내버려두곤 했다. 또 하필이면 일 년 중에 가장 더운 날을 골라 유리창을 닦으면서 덥다고 투덜거리다가 결국에는 제대로 끝마치지도 못했다. 어떤 때는 내가 해놓은 실수를 보고 혼자 피식 웃음을 터뜨리기도 했다. 하지만 퇴근하고 집에 돌아온 해리에게는 그런 실수들을 말하지 않았다. 바보 같은 여자와 결혼했다는 생각이 들게 하기는 싫었으니까.

사실 나는 결혼생활을 시작하면서 살림에 관해서는 '최소한 필요한 일만 하자'고 결심했다. 일어나면 잠자리를 정돈하고, 설거지한 그릇들을 싱크대에 집어넣고 잠자리에 들면 된다고 말이다. 그러나 막상 살아보니 그럴 수는 없어서 나름대로 성실한 주부가 되려고 노력했다.

집안일에서 내가 가장 하기 싫어하던 것이 바로 청소였다. 먼지를 날마다 쓸고 닦아야 한다는 것은 상상해본 적도 없었다. 그런데 하루라도 청소를 거르면 금세 다시 먼지가 쌓였고 시간이 지나면 굳어서 더러운 때로 변해버렸다. 가게에 진열된 아기자기하고 예쁜 장식용 소품을 보고 '사고 싶지만 저기 쌓이는 먼지를 만날 어떻게 닦나' 하는 생각이 든다면, 당신은 가정주부가 다 된 것이다.

집 안 바닥은 날마다 청소해야 하고 혹여 누군가가 무언가를 엎지르기라도 하면 다시 닦아야 한다. 침구도 청결해야 하고 창문도 닦아야 한다. 남은 음식은 깨끗한 그릇에 담아서 냉장고에 보관하고 보관기간이 지난 음식은 그때그때 버려야 한다. 이처럼 집안일이란 반복적이고 단조로우며 해도 해도 끝이 없다. 게다가 잠시만 소홀해도 금세 티가 난다.

다행히도 해리는 부족한 나를 타박하지 않았고 주변을 무심하게 어지르는 스타일도 아니었다. 대부분 그저 "바바라, 사랑해"나 "바바라, 오늘 당신 참 사랑스러워"라고 할 뿐이었다. 하루 일과를 끝내고 해리에게 그런 말을 들을 생각을 하면 그이의 지저분한 양말을 빨거나 냄비와 프라이팬을 닦을 때 절로 손이 움직여졌다.

우리를 행복하게 만드는 타협

온종일 바깥에서 힘들게 일하고 집에 돌아오면, 옷은 아무렇게나 벗어놓고 어질러진 물건들은 대충 벽장 속에 쑤셔 넣고 그냥 쉬고 싶다. 이는 옛날 사람들이나 요즘 사람들이나 매한가

지일 것이다. 요즘 부부들이 나의 신혼 시절과 달라진 점이 있다면, 지금은 맞벌이 부부가 많아져 둘 다 피곤한 몸으로 귀가한다는 것이다.

그런데 요즘 여성들이 나에게 보내온 편지를 읽다 보면 퇴근하고 돌아와서도 집안일은 온통 자기 몫이라고 불평하는 경우가 많다. 남편이 손가락 하나도 까닥하지 않으려고 한다는 것이다. 육체노동을 좋아하는 사람이 세상에 얼마나 될까. 땀 흘리며 몸 움직이기를 좋아하는 사람이라도, 땀 흘리고 싶은 목록에 집청소가 포함되지는 않을 것이다. 그렇다고 모두 가정부를 고용할 형편이 되는 것도 아니다.

부부는 인생을 함께 꾸려가는 존재다. 그러니 집안일에서도 각자의 역할을 해내야 한다. 남편을 가사에 동참시키려면 짜증을 내기보다는 재치를 살짝 발휘해보자. 가령 "당신과 같이 시간을 보내고 싶은데 집안일이 쌓여 있어서 심란해" 하고 말해보는 건 어떨까. 집안일을 빨리 끝내면 더 중요한 다른 일을 할 수 있다는 것을 상기시키는 것도 괜찮은 방법이다. 예를 들면 둘만의 달콤한 잠자리 같은 것 말이다.

우리 부부의 경우, 내가 일상적인 가사를 도맡기는 했지만 도움을 요청하면 해리는 언제나 흔쾌히 일을 거들었다. 우리는 함께 빨래를 개면서 각자 보낸 하루를 서로에게 들려주었다.

너무 높아서 손이 닿지 않는 곳을 가리키면 해리가 먼지떨이로 닦아주었다. 내가 식사를 준비할 때면 해리는 옆에서 샐러드를 만들기도 했다. 샐러드 만드는 것이 좋아서라기보다는 내 곁에 있고 싶어서였다. 그리고 힘든 집안일을 할 때 예를 들어 벽에 페인트칠을 하거나 거실 양탄자를 옮기거나 침대 매트리스를 손봐야 하는 경우에는 해리가 당연한 듯 작업복을 입고 나서주었고 나는 옆에서 조수 역할을 했다.

나는 살림살이에 소질이 없었다. 청소도 요리도 집 정리도 내 마음대로 되지 않았다. 그러다 내게 비장의 카드가 생겼다. 바로 놀라운 능력을 가진 가사 도우미인 매기Maggie였다. 결혼하고 몇 년쯤 지나 여윳돈이 조금 생겼을 때, 우리는 매기를 고용했다. 그 후로 20년 동안 매기는 일주일에 한 번씩 우리 집 살림이며 아이들 키우는 일을 도와주었다. 믿고 의지할 수 있는 누군가가 곁에 있다는 것은 참으로 든든했다. 매기는 내가 서툴거나 힘겨워하는 일도 척척 해냈다. 그 덕분에 나는 아이들과 남편 그리고 내 자신에게 좀 더 집중할 수 있었다. 나는 매기를 정말로 좋아했고 해리도 마찬가지였다.

매기가 새로운 일을 찾아 떠난 뒤, 우리는 미스터 힐Hill의 도움을 받았다. 힐은 어떤 집에서든 환영할 만큼 솜씨가 야무졌고 성품 또한 훌륭했다. 힐은 집 바닥과 창문을 관리하는 솜씨가 뛰어났다. 우리 동네에서 최고로 꼽힐 정도였다. 그 덕분에 나는 집 관리를 잘하는 주부로 소문이 났다. 힐이 창문을 닦아놓으면 한 달 동안은 신경 쓸 필요가 없었다.

야무진 매기와 미스터 힐 덕분에 우리 집은 늘 정돈된 모양새를 유지했고 구석구석 깔끔하게 관리되었다. 나는 항상 매기와 힐에게 고마움을 표현했고, 주변 사람들에게도 두 사람을 칭찬하고 다녔다. 매기와 힐은 평범하기 그지없었던 내가 나중에 책을 쓰고 그 책에서 이렇게 자신들을 칭찬하게 되리라고는 상상도 못했을 것이다. 그 시절로 돌아가 그들에게 이 얘기를 해줄 수 있다면, 함께 얼굴을 마주보고 한참 웃을 텐데 말이다.

가사분담 때문에 부부끼리 말다툼이 자꾸 일어난다면, 다른 생활비 항목을 줄이고 그 돈으로 가사도우미를 써보는 것은 어떨까? 내가 다른 비용을 줄여 매기를 고용했던 것은 무엇보다 현명한 선택이었다. 가사를 도와주는 일손이 생기자 우리는 한결 편하고 여유 있는 생활을 할 수 있었다. 여전히 책들이 여기저기 쌓여 있기는 했지만, 그 외에는 집 안이 언제나 깔끔하게 정리되어 있어서 마음마저 가벼웠다. 나는 집안일 중에서도 아주 쉬운 일만 하면 되었다. 가령 식사 후에 그릇들을 싱크대에 담그는

일 같은 것 말이다. 그릇을 물에 담가두면 설거지가 한결 수월해
진다. 나처럼 집안일에 서툰 사람도 접시를 싱크대에 담그거나
빨랫감을 빨래 바구니에 넣는 일은 얼마든지 할 수 있다.

 집에 가사 도우미가 있든 없든, 물건들을 쓰고 나면 그것을 닦
거나 치우기 쉬운 곳으로 옮겨놓아야 한다. 무언가를 하고 나
서 그 자리를 정리하고 뒤처리를 해두면 매사가 한결 쉬워진
다. 나는 그래야 한다는 것을 번번이 잊어버려서 자꾸 집 안이
어질러지곤 했다. 그런데 힘든 집안일을 도맡아주는 사람이 있
으니 스트레스 받거나 짜증을 부릴 일도 없어서 해리와 나는
가볍고 즐거운 마음으로 집 꾸미기에 열중할 수 있었다.

 매기와 힐 덕분에, 우리는 좀 더 본질적인 문제만 가지고 다투
면 되었다. 집 안의 가장 중요한 공간에 놓을 미술품은 여성스
러운 작품으로 할 것인가 아니면 남성적이고 거친 작품으로 할
것인가? 고풍스러운 느낌이 나은가, 최신 유행 스타일이 나은
가? 지금 쓰고 있는 투박한 구식 난로가 아직 멀쩡한데 마음에
드는 세련된 난로를 사야 할까? 이런 문제를 가사 도우미에게
맡길 수는 없으니 말이다.

 해리와 내가 집을 어떻게 꾸밀지에 관해 의견을 조율하고 진
행하기까지는 꽤 시간이 걸렸다. 삶을 새롭게 출발하는 시점에

서 안락하고 기분 좋은 보금자리 꾸미기는 전적으로 두 사람의 몫이다. 부모님과 살다가 또는 부모님 집이 아니더라도 자신만의 공간에서 살다가 배우자와 함께 살기 시작한 두 사람이 집을 꾸미면서 의견충돌이 전혀 일어나지 않기를 기대하는 것은 무리다. 사람마다 취향과 스타일이 천차만별인 만큼 집을 꾸미는 방법도 여러 가지다. 또 어떤 특정한 실내장식 스타일을 둘 중 한 명은 흡족해해도 나머지 한 명은 낯선 나라를 방문한 이방인처럼 느낄 수도 있다.

두 사람 모두의 마음에 들도록 꾸미거나 직어도 그럭저럭 괜찮다고 느껴질 만큼 꾸밀 방법을 찾아야 한다. 집이 편안하고 안락한 공간이 되는 것만큼 중요한 일도 없다. 부부가 집을 함께 꾸미는 것은 모두에게 커다란 기쁨을 안겨준다. 이것저것 상의해가며 함께 무언가를 완성하는 데서 오는 그 뿌듯함이란!

우리는 집 안을 좀 더 발랄한 분위기로 꾸며보려고 애썼다. 해놓고 나서 항상 만족스럽지는 않았지만 그래도 즐거웠다. DIY 방식은 요즘에만 있는 것이 아니었다. 1940년대에도 뚝딱거리며 직접 뭔가를 만들고 싶어 하는 사람이 많았고 나도 풀빽 빠졌었다. 마음 넓은 해리는 나의 이런저런 시도를 고개 끄덕이며 지켜봐주었다. 목제 아이스박스와 침실 가구에 흰색 페인트를 쏟아 엉망으로 만들었을 때도 말이다. 페인트칠쯤이야 얼마든지 해낼 수 있다고 생각했지만, 나는 결코 꼼꼼한 일꾼이 되지 못했다. 결과물이 엉성한 것은 당연지사였다. 하지만 해리는 내가 제대로 해내지 못했음을 알면서도 그 사실을 거론하지 않았다. 그는 배려심이 깊어서 내가 해놓은 것을 전부 "흠 잡을 데 없다"고 말해주곤 했다. 결국 아마추어인 내가 해놓은 페인트칠을 한동안 견디며 살아야 했다.

나중에는 해리도 이런저런 물건을 손수 만드는 데 재미를 붙여서 차고에서 엉뚱한 기계장치들을 만들곤 했다. 나 역시 그의 결과물을 존중해주었다. 비록 우리가 만든 것은 완벽하지 않았지만, 우리에게만큼은 완벽하고 멋졌다. 해리가 만든 것 중에 가장 근사한 물건은 휴대용 잡지 거치대였다. 구부린 옷걸이와 고무줄을 사용해서 만들었는데, 우리 자동차의 핸들 앞쪽에 세워놓고 거기에 《내셔널 지오그래픽 National Geographic》을 올려두곤 했다. 아주 세련된 디자인이라고 할 수는 없었지만 그래도 나름 제 몫을 톡톡히 했다. 쇼핑하러 가는 날이면 해리는 쇼핑몰 주차장의 볕 좋은 어딘가에 앉아 그 거치대에 잡지를 올려놓고 극지탐험이나 우주행성에 관한 기사를 읽었다. 나는 그동안 할인점 로스 드레스 포 레스 Ross Dress for Less에서 쇼핑을 했다. 둘 모두에게 더없이 즐거운 나들이었다.

함께하는 삶을 시작했다면 둘만의 보금자리를 어떻게 꾸미고 어떻게 생활해 나갈지에 대해 합의점을 찾아야 한다. 의견일치에 이르지 못했더라도, 방이 두 개 이상인 집에 살고 있다면 그 사실만으로도 다행이다. 각자가 '자기만의 방식'으로 활용하거나 꾸밀 수 있는 공간이 하나쯤은 있는 것이 좋다.

우리 집의 경우, 차고는 언제나 뚝딱거리며 이런저런 물건을 만드는 해리만의 공간이었고 욕실은 내가 얼마든지 원하는 대로 여성스럽게 꾸밀 수 있는 공간이었다. 그 외에 다른 문제들에서는 항상 서로 충분히 이야기를 나눈 나음에 눌 다 만족하는 타협점을 찾았다. 그 덕분에 우리 둘 모두에게 마음에 드는 집, 가족들과 손님들이 언제나 안락함을 느끼는 집을 만들 수 있었다.

두 사람이 만나 결혼해서 가정을 꾸밀 때, 달콤하고 멋진 결혼 생활을 성성하는 것노 좋지만 매일 일어나는 문제들을 의논하는 것도 소홀히 해서는 안 된다. 부부의 행복에 현실적인 문제들이 커다란 영향을 미치는 데도 사람들은 그것을 긴과하는 성우가 많다. 서로에게 빈쪽이 되기로 나심하고 결혼했다면 서로 한발씩 양보해야 한다. 내가 원하는 것을 위해 상대방을 희생시거시는 안 된나. 누 사람 모두 만족하기까지 걸리는 시간은 아름다운 과정이다. 함께 내린 결정들이 부부의 하나가 된 마음을 상징하기 때문이다.

완벽하지 않은 남자와 여자

동화 속에서 백마 탄 왕자는 온갖 역경 끝에 공주를 만나고 두 사람은 '옹졸한 다툼'과 짜증만 빼고 모든 것이 완벽하게 갖추어진 삶이 기다리고 있는 성을 향해 말을 타고 달려간다. 장담하건대 왕실의 커플조차도 살다 보면 상대방 때문에 짜증이 날 때가 있다. 해리와 나 역시 마찬가지였다.

지금까지 각자 다른 삶을 살던 남녀가 어느 날부터 같은 집에 살면서 함께 인생을 일궈가기 시작했다면, 서로를 향해 언성을 높이거나 머리를 쥐어뜯거나 잠옷 바람으로 성을 뛰쳐나가게 되는 때가 있을 수밖에 없다.

실제로 잠옷 바람으로 뛰쳐나가느냐 마느냐는 당신이 얼마나 예민한 성격인지, 그리고 그 모습을 건너편 성의 백작에게 들키지 않도록 얼마나 신경 쓰는지에 따라 달라질 것이다. 집을 뛰쳐나가고 싶은 기분을 한 번도 느끼지 않은 부부는 세상에 없다. 지혜로운 부부는 둘이 함께 살면 갈등이 있을 수밖에 없다는 사실을 인정하고 그것에 대처하는 나름의 방법을 터득한다.

항상 모든 것이 완벽하고 순조롭게 흘러가야 한다는 생각은 순진한 착각에 불과하다. 그렇게 생각하는 사람은 모든 것이 완벽하지 않을 경우 그런 척하며 가식적으로 살게 된다. 마음속에 쌓인 짜증은 놀라운 힘이 있다. 처음에는 사소한 가려움증처럼 시작되지만 시간이 흐를수록 무지근한 통증으로 변한다. 그 통증을 오랫동안 방치하면, 결국 당신의 가슴에 치명적인 상처를 남기고 부부 관계에 균열을 가져올 수 있다.

반대로 가슴속의 응어리를 해결하려고 노력한다면 그리고 배우자도 그렇게 하게끔 이끈다면 문제가 곪아터지기 전에 허심탄회하게 터놓고 이야기할 수 있는 귀중한 시간을 가지게 된다. '울분을 터뜨리거나', '감정을 배출하는' 자리가 필요하다. 생각해보자. 마음속 화를 바깥으로 배출하지 않으면 언젠가는 폭발하기 마련이다. 나는 내가 선택할 수 있는 길이 없는 극단적인 상황으로 치닫기 전에 속에 남긴 밀들을 밖으로 꺼내놓으며 화를 풀곤 했다.

나는 대화로 해결할 수 없는 갈등은 거의 없다고 생각한다. 하지만 대화로 승부를 낸 다음에 진 쪽이 이긴 쪽의 요구사항을 무조건 들어주는 방식은 결코 바람직하지 않다. 상대방이 자신의 입장을 충분히 설명하고 그중에 동의하지 못하는 부분을 이야기하고 두 사람의 의견이 엇갈린다는 점을 서로 인정하는 것만으로도 충분할 때가 많다.

유대인 속담에 "유대인 두 사람이 모이면 세 사람 몫의 의견이 나온다"는 말이 있다. 내 생각과 내가 사랑하는 사람의 생각은 얼마든지 다를 수 있다. 의견이 100퍼센트 일치해야만 서로 사랑하거나 함께 살 수 있는 것은 아니다. 솔직히 말해서 나와 항상 생각이 똑같은 남편과 산다면 오히려 따분할 것 같다. 그렇지 않은가? 사랑은 중요하다. 그러나 서로에 대한 이해와 포용 없는 사랑은 아무 의미가 없다.

아이들 교육방식이나 이사 갈 곳을 결정하는 등 중요한 문제는 부부의 의견이 일치할 필요가 있고 함께 정한 방향으로 밀고 나가야 한다. 그러나 작은 갈등들은 서로를 존중하는 태도로 충분히 대화하면 얼마든지 해결할 수 있다. 어느 한 사람이 이기고 다른 사람은 지는 상황으로 흘러갈 필요가 없다. 두 사람이 협력해야만 하는 문제와 그렇지 않은 문제를 지혜롭게 분간할 줄 안다면 행복한 결혼생활에 한층 가까이 갈 수 있다.

해리는 완벽한 남자가 아니었고 나 역시 그러했다. 하지만 우리는 항상 서로에게 완벽하게 맞는 짝이라고 믿어 의심치 않았다. 그랬기에 상대방을 몰아붙이는 일 없이 늘 서로에게 관대했다. 나는 해리에게 있는 그대로의 모습 그 이상을 원하지 않았고, 해리는 나의 모든 결점을 넓은 마음으로 받아들이고 이해해주었다.

상대방을 있는 그대로 받아들이는 것. 그것은 삐걱거리지 않는 원만한 인간관계를 유지하기 위한 중요한 열쇠이다. 타인을 바꿀 수는 없지만 그 사람을 얼마든지 이해하고 응원하고 사랑할 수는 있다. 그리고 깊은 애정을 보여주면 아마 상대방도 내가 불만스러워하는 작은 습관들을 고치려고 애쓸 것이다.

해리와 내가 항상 잃어버리지 않으려고 노력한 것이 하나 있다. 바로 유머감각이다. 유머감각은 우리의 73년간의 결혼생활을 매끄럽게 굴러가게 만들어준 윤활유와도 같았다. "웃음은 최고의 명약이다"라는 속담도 있지 않은가. 해리와 나는 힘든 문제나 시련 앞에서도 언제나 웃음을 잃지 않으려고 노력했고, 그것은 우리가 고단한 삶을 헤쳐나가는 데 적지 않은 도움이 되었다. 웃음, 그것은 놀라운 힘을 지녔다. 웃음이 있으면 아무리 힘든 하루도 금세 지나가고 지독한 현실에 맞서기가 더 수월해진다. 설령 현실의 얼굴이 그다지 아름답지 않을지라도 말이다.

유머감각을 타고나지 못했다면 의식적으로 노력하면 된다. 세상 모든 사람이 뛰어난 유머감각을 타고나지는 않지만 누구나 내면에 잠재된 유머감각을 끄집어내 발전시킬 수는 있다. 절대 후회하지 않을 테니 노력해보자!

유머를 발휘할 줄 아는 사람은 어떤 상황도 새롭고 다른 관점으로 바라볼 수 있다. 끔찍하고 암울하게만 보이던 시야가 '탁' 트일 수 있다. 역설적이게도, 어쩌면 절망적인 상황에서 발휘하는 유머가 가장 값진 것인지도 모른다. 세상 일이 내 마음대로 되지 않아 절망에 휩싸였을 때 웃지 않는다면 넋 놓고 울기밖에 더하겠는가.

비극을 희극으로 승화시키되, 상대에게 모욕감이나 불쾌함을 주지 않으면서 오히려 괴로워하는 이에게 힘을 주는 것, 그것이 바로 유머가 가진 힘이다. 암울한 상황을 한탄하고 가슴을 치면서 슬퍼해봐야 문제를 해결하는 데는 아무런 도움이 되지 않는다.

웃음은 우리를 진정한 치유 과정의 시작점으로 데려가준다. 웃거나 울거나 둘 중 하나를 택할 수밖에 없다면 차라리 웃어보자. 웃음은 마음을 더 단단하게 만들어주며, 웃는다고 해서 상황의 중요성이나 심각성이 훼손되는 것도 아니다.

배우자가 한 행동이나 말 또는 해야 함에도 하지 않은 행동이나 말 때문에 너무 화가 난 나머지 '뚜껑(?)이 열려서' 저 우주로 날아갈 것만 같을 때, 자신에게 유머를 선물해보자. 스스로 되돌아보며 자신이 얼마나 바보 같은지 깨닫고 한바탕 웃고 나면 마음속의 폭탄이 잠잠해질 것이다.

화는 굉장히 위험하다. 'dangerous(위험한)'라는 단어에 'anger(화)'라는 단어가 들어 있다는 것을 생각해본 적이 있는가? 내가 언어학자는 아니지만 그것이 결코 우연이 아니라고 생각한다. 화가 나서 흥분한 상태에서는 상대에게 상처가 되는 말, 평소 같으면 하지 않았을 말들을 내뱉기 쉽다. 두고두고 후회할 말을 하게 되는 것이다. 그 말이 가시가 되어 상대의 마음속에 박혀 있다가, 훗날 그의 분노와 함께 되돌아오는 일이 있어서는 안 된다.

나도 때때로 화가 났지만 그것을 오랫동안 마음속에 담아놓지는 않았다. 나는 화를 낸 모습이 얼마나 경솔하고 바보 같았는지 마음속으로 그려보면서 단호한 어조로 스스로 이렇게 말했다. "바바라, 제발 이제 바보같이 굴지 마! 그 일은 싹 잊어버리고 새로운 마음으로 앞만 보는 거야." 그러면 마음속의 화를 씻어내는 데 도움이 된다. 화가 끓어오르려고 할 때 다스리는 방법은 사람마다 다를 수 있다. 유치하고 발랄한 노래를 불러

보든, 손으로 가만히 배를 문지르면서 머리를 쓰다듬든, 그 어떤 방법이라도 좋다. 그러면서 분노에서 한 발짝 떨어져 평정심을 되찾을 수 있으면 된다.

또한 서운했던 일이나 원망스러운 감정을 꽁한 채 가슴속에 담아두면 안 된다. 화가 났을 때 지난 일을 또다시 입에 올리는 것은 정말 미련한 짓이다. 서운하거나 화가 난 일이 있다면 밖으로 꺼내놓고 풀어버릴 방법을 찾아보는 게 좋다. 사람과 사람의 관계가 성숙해지려면 지난날의 불화와 마음속 앙금에 얽매이지 말고 나아갈 줄 알아야 한다.

나는 결혼하기 전까지 그다지 많은 부부를 보지 못했다. 그나마 제일 가까운 사례는 우리 부모님이었다. 내가 보기에 부모님은 결혼생활에 꽤 만족하시는 것 같았다. 어쩌다 아버지가 목소리를 크게 내시기도 하고 까다로운 성격이기는 하셨지만 말이다. 내가 어느 정도 컸을 때 어머니는 사실 아버지와 갈등이 꽤 있었다고 털어놓았다. 그래도 다행인 것은 어떤 문제나 상황 앞에서도 아버지가 항상 어머니를 존중하는 모습을 보였다는 점이다. 그래서인지 나도 내 남편에게 그런 모습을 기대하게 되었다.

해리는 나보다 더 그릇이 크고 따뜻한 사람이었다. 그는 좀처럼 짜증을 내는 일이 없었고 내가 원하는 것을 언제나 존중해주었다. 내가 누군가 때문에 짜증이 나서 어쩔 줄 모르면 해리는 이렇게 말했다. "바바라, 진정해. 원래 세상엔 별의별 사람이 다 있는 거야." 세상에는 구제불능인 인간도 있기 마련이니 그냥 그러려니 하라는 얘기였다. 우리가 행복하고 지혜로운 결혼생활을 할 수 있었던 것은 상당 부분 해리 덕분이었다.

그는 사랑할 수밖에 없는 남자, 함께 살기에 더없이 편한 남편이었다. 내가 만약 해리를 만나지 못했더라면 지금과 같이 남들에게 조언해주는 입장이 되지도 못했을 것이다.

사람 관계라는 것이 결코 쉽지 않다는 사실도 행복한 생활을 영위하지 못한 채 비극에 이르는 부부가 세상에 많다는 사실도 나는 잘 알고 있다. 누군가와 행복한 관계를 유지하고 싶다면 그 사람과 조화롭게 지낼 수 있는 최선의 방법을 찾으려고 노력해야 한다. 세상 사람들은 각양각색이지만 상식적인 사람이라면 얼마든지 상대의 마음과 보폭에 맞출 수 있다. 그 사람과 맞는 방식으로 함께 걷는다면 말이다. 나는 조금은 고리타분한 할머니이지만 이 방법들은 내가 살아가는 데 분명 효과가 있었다. 누가 아는가? 내 말을 귀담아들으면 73년이 되든 혹은 그보다 짧든, 배우자와 평생을 함께 보내고 나서 늘그막에 나처럼 책을 한 권 쓰게 될지.

4장

아름다운 동행이 시작되다

행복한 결혼생활에 다른 건 필요 없다.
그저 상대에게 언제나 관심을 보이면 된다.
상대의 마음이 언제나 나를 향하고 있을 거란
착각 따위를 하지 않으면 된다.

아, 불쌍한 해리…. 그는 앞치마를 두른 아내가 주방에서 길 잃은 새끼 양처럼 눈만 깜박거리는 모습을 지켜봐야 했다. 나는 나름대로 애를 썼지만 절대로 요리 잘하는 주부는 아니었다. 그렇다고 해서 해리를 속이고 싶지는 않았다. 그래서 솔직하게 말했다.

"당신은 착하지만 요리 실력은 꽝인 여자와 결혼했어요. 노력은 해보겠지민 음식 맛은 상담할 수 없어요."

어느 날 아침, 나는 해리를 깜짝 놀라게 해줄 요량으로 핫 시리얼을 만들기로 했다. 물과 귀기, 야간의 소금과 실탕을 넣고 끓이기만 하면 되는데 그까짓 게 뭐가 어렵겠는가? 나는 사랑을 듬뿍 담아 조리한 핫 시리얼을 자랑스럽게 해리 앞에 내려놓았디. 해리는 그것을 먹더니 오만상을 찌푸리고는 그릇을 옆으로 밀어버렸다. 어찌나 맛이 없었는지 평소 불평이라곤 모르는 해리도 맛있는 척할 수가 없었던 것이다.

결국 나는 울음을 터뜨리고 말았다. 해리가 출근한 후 나는 핫시리얼을 먹어보고 또다시 울었다. 정말이지 '무지하게' 맛이 없었다. 그 시리얼이 맛없던 이유를 나중에는 알게 되었지만, 어쨌거나 나는 요리 잘하는 여자는 결코 되지 못했다. 하지만 시간이 가면서 그럭저럭 먹을 만한 음식을 식탁에 예쁘게 차려내는 요령을 터득했다. 그 후로는 아침식사를 준비한 후에 울음을 터뜨리는 일은 별로 많지 않았다.

신혼 시절에 우리 부부는 빠듯한 생활비로 살아야 했다. 우리에게 자동차는 해리가 일할 때 몰고 다니는 트럭 한 대뿐이었다. 그리고 1930년대에는 남편이 아내의 장보기를 도와주는 일이 매우 드물었다. 그래서 나는 해리가 일하는 동안 걸어서 시장에 가곤 했다.

시장에 도착하면 가진 돈으로 무엇을 얼마만큼 구입할지, 들고 갈 수 있는 분량이 어느 정도인지, 구입한 품목으로 무엇을 만들 수 있을지, 장본 것들로 하루 또는 일주일을 지내려면 어떻게 해야 하는지 등을 머릿속으로 가늠해 판단해야 했다. 정육점 주인과 친해지는 방법도 터득했는데, 그러면 신선하고 좋은 고기를 확보할 수 있었다. 무엇보다 중요한 것은 내가 수입과 지출 사이의 균형을 맞추는 요령을 터득했다는 점이다. 나는 씀씀이가 헤프지 않고 알뜰한 편이었다. 잉크와 빨래집게 중에서 하나를 사야 한다면 좀 더 시급한 쪽을 택했다.

살림을 돌보고 가족이 먹을 음식을 준비하는 것, 그것은 나의 일상이자 의무였다. 우리는 굶을 걱정 없이 잘 먹고 지냈다. 그리고 일요일이면 부모님이 해리와 나를 저녁식사에 초대하셨기 때문에, 적어도 일주일에 한 번은 나보다 훨씬 뛰어난 손맛을 지닌 어머니가 만들어주신 음식을 즐길 수 있었다. 게다가 다음 날 저녁에 먹을 음식까지 싸들고 올 수 있었다.

부모님은 두 분 다 요리라면 빠지지 않으셨다. 어머니가 제일 잘하시는 음식은 당신이 직접 이름을 붙이신 '러셀 스튜Russell stew'였다. 얇게 저민 고기, 간 양파, 당근을 넣고 오랜 시간 끓였는데 국물을 걸쭉하게 만들기 위해 밀가루도 첨가했다. 조리법은 간단했지만 굉장히 풍미가 좋았고 맛깔스러웠다. 그리고 2, 3년에 한 번은 아버지가 치즈나 체리 또는 으깬 마르멜로marmelo(모과와 비슷한 열매이다 ─옮긴이)고 속을 채운 유대식 만두인 크레플라kreplach을 만들어주셨다. 내가 절대 만들 수 없는 음식들을 부모님 댁에서는 마음껏 즐길 수 있었다.

나에게도 식사 준비에 관해서는 철칙이 있었다. 우리 집에는 피자나 닭다리만으로 이루어진 간편식은 존재하지 않았다. 나는 온 가족이 음식을 먹는 동안 여유 있게 즐기는 것이 중요하다는 생각에 여러 코스에 걸쳐 음식을 내놓았다. 우리의 저녁 식사 첫 순서를 장식하는 것은 늘 양상추, 토마토, 무, 오이, 파를 넣고 간단한 드레싱을 얹은 샐러드였다. 샐러드를 먹고 나서는 육류 요리를 먹었다. 그 당시에는 저녁식탁에 고기가 올라오지 않으면 남편 입에서 "어라, 밥상이 왜 이렇지?"라는 말이 나오기 십상이었다. 비타민이나 칼로리, 탄수화물 등은 따지지 않았어도 단백질은 꼭 챙겨야 한다고 생각했다.

다행히도 나는 단시간에 음식을 만드는 데 점점 익숙해졌다. 양고기 요리, 햄버거, 커틀릿 따위를 만들었지만 간 요리는 예외였다. 간 요리는 가족들이 좋아하지 않았다. 물론 감자도 빼놓을 수 없었다.

우리 집 식탁에 탄산음료는 올라오지 않았다. 아이들에게는 물이나 우유, 아니면 주스를 먹였고 어른들은 대개 커피면 충분했다. 와인은 즐기지 않았다. 요리에 와인을 곁들이면 좋다는 얘기를 어디선가 읽었지만 그래도 와인 마시는 습관이 붙지 않아 마시지 않았다. 나는 익숙하지 않은 무언가를 애써 시도하지 않는 타입이었다. 하지만 친구 집에 놀러갔을 때 와인을 대접받으면 굳이 마다하지 않고 함께 마셨다.

　새로 사귄 친구들이 우리 집에 놀러올 때면 술을 한 병씩 들고 오곤 했다. 나는 파티가 끝나면 남은 술을 곧장 주방 찬장 깊숙한 곳에 넣어두었다. 나에게는 전혀 필요 없는 물건이었지만, 남은 술을 주겠다거나 보관해달라는 손님의 제안을 거절할 수는 없었기 때문이다. 그런 술이 한두 병씩 쌓였고 이사를 다닐 때도 버리기가 뭣해서 늘 챙겨갔다. 수십 년 지난 후에 그 술들이 빛을 발했다. 칵테일에 맛을 들이기 시작한 내 손자들이 우리 집 찬장에 저박혀 있던 고급 술들을 발견하고는 보물이라도 찾은 듯 좋아하는 것이었다. 결국 손님들이 안주인을 위해 가져온 그 선물들은 생각지 못한 방식으로 제 가치를 톡톡히 발휘했다.

　우리 가족은 식사를 다 마치고 나면 소박한 디저트를 즐겼다. 젤로 푸딩이나 쿠키 또는 컵케이크면 충분했다. 아니면 슈퍼마켓에서 사온 아이스크림을 먹기도 했다. 그때는 아이스크림을 스푼으로 떠먹지 않고 칼로 잘라서 먹었다. 상자에 든 아이스크림 덩어리를 꺼내서 도마에 올려놓고 두껍게 조각으로 잘라 가족들에게 나눠주었다. 아이스크림이 남아서 냉동실로 들어가는 일은 좀처럼 없었다. 우리 가족이 제일 좋아하는 아이스크림은 초콜릿, 바닐라, 딸기 맛이 조합되어 있는 나폴리^{Neapolitan} 아이스크림이었다. 당신도 가족과 함께 언제 꼭 한 번 먹어보시라. 장담하건대, 다들 맛있다고 난리일 것이다.

가족을 위해 음식을 만든다는 것

우리 집의 식사 풍경은 오랫동안 대체로 비슷했다. 그러나 금요일 저녁만큼은 다진 생선살에 계란, 양파 등을 섞어 둥글게 뭉쳐 끓인 게필테 피시^{gefilte fish}를 준비하곤 했다. 게필테 피시는 유대인 전통음식으로, 나는 이 음식을 "잉어로 만든 젤리 같은 만두"라고 불렀다. 정말 딱 그런 느낌이었다. 나는 냄새를 맡지 않으려고 숨을 멈춘 후 게필테 피시가 담긴 유리병을 열었고 접시에 덜어 해리 앞에 조심스럽게 내려놓았다. 나는 입에 맞지 않아 싫어했지만 해리는 무척 좋아했다. 내가 병에 담긴 게필테 피시를 구입할 수 있는 20세기에 살았던 것이 얼마나 다행인지 모른다. 당시부터 20, 30년 전만 해도 주부들이 살아있는 생선을 사서 조리하기 전까지 욕조에 담가 보관해야 했으니 말이다.

　수프는 보르시치^{borscht}를 해서 먹었는데 양배추나 비트^{beet}를 넣고 끓였으며 약간의 고기를 첨가했다. 때때로 곁들임 요리로 누들 쿠겔noodle kugel을 준비했다. 누들 쿠겔은 푸딩과 캐서롤casserole(오븐에 넣어 천천히 익히는 요리이다. ― 옮긴이)의 중간쯤 되는 달달한 파스타 요리다. 때로는 특별한 아침식사로 기름에 구운 마초matzo(유대인들이 먹는, 이스트를 넣지 않고 구운 비스킷 모양의 빵이다. ― 옮긴이)를 만들었는데, 이건 프렌치토스트와 약간 비슷하지만 일반적인 빵 대신에 마초를 사용한다는 점이 다르다.

우리 식구들은 감자 팬케이크인 라트케latke를 유달리 좋아했다. 라트케를 만들 때 삶은 감자를 쓰는 사람들도 있는데 나는 꼭 생감자를 사용했다. 이것들은 전부 해리가 좋아하는 음식이었다. 그리고 우리는 엄격하게 유대교 전통을 지키는 집은 아니었지만, 그래도 아이들과 유대인 음식을 함께 먹는 것을 즐겼다.

해리는 입이 짧지 않아 무엇이든 가리지 않고 잘 먹는 타입이었다. 식탁에 올라온 음식을 놓고 이러쿵저러쿵 타박하는 남편이었다면 우리의 결혼생활은 즐겁지 않았을지도 모른다. 내가 만든 음식은 그럭저럭 먹을 만했지만 '신성한 요리' 수준은 결코 되지 못했으니까 말이다. 유대인 주부들은 전부 음식솜씨가 뛰어나다는 말이 있는데, 내 경험에 비추어보면 그건 아무래도 과장된 말이지 싶다. 사람이 어떻게 다 똑같을 수가 있겠는가?

요리에 흥미가 있는 사람이 있는가 하면 그렇지 않은 사람도 있는 법이다. 하지만 이것만큼은 확실히 말할 수 있다. 우리 집에 왔다가 굶고 가거나 제대로 대접받지 못했다는 기분을 느끼고 돌아간 손님은 아무도 없었다.

해리는 끔찍한 핫 시리얼 사건 이후에도 음식에 불만을 느낄 때가 있었을지도 모르지만, 나에게 말로 표현한 적은 없었다. 가끔은 내가 정말 심각한 실수를 저질러 만들어놓은 음식을 몽땅 쓰레기통 속으로 직행시킬 때도 있었는데, 그럴 때면 해리는 오히려 나를 웃게 하려고 농담을 했다. 그러고 나서 우리는 차를 몰고 밖에 나가 햄버거를 사먹었다.

가족을 위해 음식을 만든다는 것은 아내이자 어머니로서의 역할이 고스란히 부각되는 행위이다. 나는 아내가 정성스레 준비한 음식을 타박하는 것이야말로 아내의 자존심을 무참히 깎아내리는 것이라고 여기는 해리가 항상 고마웠다.

우리는 둘 다 먹는 것을 참 좋아했다. 그래서 가끔은 일부러 조금 특별한 음식을 준비했다. 해리는 내가 만들어주는 삼각살 스테이크를 무척 좋아했다. 삼각살은 그리 비싸지 않으면서도 맛은 뛰어난 소고기 부위다. 물론 나도 좋아했다. 이 스테이크를 먹는 날에는 올리브를 약간 섞은 특별한 샐러드도 곁들였다. 피클도 준비했고 꽃병에 화사한 꽃도 담아 식탁에 얌전히 올려놓았으며 감자도 평소와 달리 치즈와 양파를 넣어 함께 조리해 내놓았다. 가족 중 누군가의 생일이거나 아이가 학교에서 좋은 성적표를 받아왔을 때면 그와 같은 식사를 즐기곤 했다. 그렇게 소소한 것들을 조금만 신경 써도 저녁 내내 마음만큼은 호사스러운 궁전 테이블에 앉은 기분이었다.

우리 부모님은 이집트 카이로에서 결혼하고 가정을 꾸리셨다. 그래서 나는 어린 시절부터 자연스럽게 아랍식 손님 접대 풍습을 접하며 자랐다. 우리 고향에서는 집에 오는 손님이 '과하다 싶을 정도로' 환대받는 기분이 들도록 하는 것이 집주인의 마땅한 의무였다.

손님에게 가장 맛있는 음식을 극진히 대접했고 제일 안락한 의자에 앉도록 했으며, 잠자리에 들어야 하는 늦은 시간에 방문해도 싫은 내색을 비치지 않았다. 손님이 온다는 것, 그것은 곧 특별한 누군가와 함께 값지고 즐거운 시간을 보낼 수 있다는 의미였다. 그래서 해리와 내가 가정을 꾸린 후에도 나는 우리 집에 오는 손님이면 누구나 환영받는다는 기분을 느끼게 해

주려고 애썼다. 물론 이집트식이 아니라 내가 살고 있던 캘리
포니아 스타일로 말이다.

  주변 친구들을 통틀어 우리 부부는 아이를 일찍 낳은 편에 속
했다. 베이비시터를 고용할 형편이 되지 않아서 애초부터 아이
를 감안하여 친구들을 만나는 계획을 세웠다. 아이가 생겼다고
해서 친구들과 멀어지는 것은 싫었다. 그래서 아이들을 재워
놓고 거실에서 친구들과 저녁 파티를 즐기곤 했다. 해리와 나
를 보고 싶은 사람은 우리 집으로 오면 되었고, 우리는 그들을
늘 따뜻하게 환대했다. 그 누구도 정식 초대장 따윈 필요 없었
다. 또 친구들도 완벽한 식사를 기대하지 않았다. 과일과 쿠키
또는 치즈를 곁들인 빵으로도 충분했다. 많은 비용이나 노력을
들이지 않고도 얼마든지 차릴 수 있는 테이블이었다.

  베벌리우드Beverlywood에 집을 장만하고 나서는 가족이나 친구들
과 함께 시간을 보낼 수 있는 멋진 공간인 수영장이 생겼다. 로
스앤젤레스에서는 누구나 여름이면 수영장에서 놀고 싶어 한
다. 수영장이 있는 뒤뜰에서 여는 파티는 집 안에서 여는 파티
와 차원이 다르다. 먼저 최대한 편한 옷을 입을 수 있는 데다가
헤어스타일이나 화장 따위는 신경 쓰지 않아도 된다. 그리고 남
자들이 요리를 담당하니까(불 옆에서 계속 고기를 구워야 한다) 여자

들은 비교적 편하게 쉴 수 있다. 그런 날만큼은 남자들이 기꺼이 새까맣게 그을린 원시인이 되고 여자들은 고기 굽는 그릴에서 풀풀 올라오는 연기를 피해 수영장 끝에 모여 앉아 남편이나 아이들, 이웃을 화제 삼아 수다 떠는 풍경이 펼쳐진다. 남자들은 직장 이야기나 그들만의 이런저런 화젯거리를 입에 올린다.

해리와 나는 가급적 검소하게 살려고 애쓰기는 했어도 식탁을 차리는 데 쓰는 돈은 아끼지 않았다. 손님들만큼은 아끼지 않고 정성껏 대접해야 마음이 편했고, 그들이 즐거워하면 우리두 행복했다. 그래서 우리가 경세적으로 쪼들리는 시기였을 때도 손님들은 전혀 눈치 채지 못했다. 평소와 다름없이 후하게 대집했고 테이블 차리는 비용이 부담스럽다는 애기 따위는 전혀 하지 않았으니까 말이다.

얼마 지나지 않아 우리는 좀 더 짜임새 있게 시간을 보내는 편이 좋겠다는 생각이 들어 카드 게임을 하기 시작했다. 물론 판돈이 크지는 않았시반 그래도 다들 테이블에 바짝 다가앉아 초롱초롱 빛나는 눈으로 게임에 임했다. 게임하는 동안은 남자와 여자가 한데 섞여 어울릴 수 있어 좋았니. 여주인인 나는 커피를 준비했고 쿠키는 금세 사라시기 일쑤였으며, 시간이 지날수록 게임은 점점 흥미진진해졌다. 게임이 끝나면 그날 운 좋은 누군가는 호주머니에 60센트쯤 챙겨서 집에 돌아가기도 했다.

우리 집에 놀러오는 커플은 다들 착하고 평범한 사람들이었다. 대개 우리 집에 걸어올 수 있는 거리에 살았다. 그렇게 우리 집은 동네 사람들이 모이는 작고 유쾌한 아지트가 되었다. 그리고 세월이 흐르면서 아지트의 역할도 조금씩 변했다. 아이들이 웬만큼 크고 나서는 아이들의 친구들이 항상 수영장이 있는 뒤뜰을 차지했다. 시간이 더 흐른 후에는 아이들이 어른이 되어 각자의 가정을 꾸렸다. 커피와 수다, 카드 게임이 우리의 시간들을 채웠고 바비큐 파티는 점차 줄었다.

해리와 나는 가족 이외의 사람들과도 평생 친밀한 관계를 유지했고, 그들은 우리의 삶에서 빼놓을 수 없는 소중한 존재였다. 그랬기에 친구와 이웃들에게 언제나 우리 집 문을 활짝 열어놓았다. 우리는 그들과 오랜 세월 동안 사귀면서 눈에 보이지 않는 소중한 것들을 많이 얻었다. 길고 긴 세월이 흘렀는데도 그때 웃고 즐기던 저녁들을 떠올리면 마음속이 환하게 점등되곤 한다.

당신은 여전히 아름다운 사람

결혼이란 둘의 소유물과 꿈, 그 밖의 모든 것이 하나가 되는 두 사람 인생의 결합체다. 그리고 결혼은 대부분의 삶에 그 어떤 것보다도 중요하고 커다란 영향을 미치는 사건이다. 누가 나에게 결혼에서 가장 중요한 것이 무엇이라고 생각하느냐는 질문을 한다면, "우리의 영혼과 육체를 살아있게 만드는 열정을 수혈해주는 것"이라고 대답하겠다.

그 사람을 떠올렸을 때 가슴이 찌릿하고 두근거리지 않는다면 결혼해서는 안 된다. 또한 둘 중 어느 한쪽이라도 상대에게 따분함을 느낀다면 결혼 계획을 접어야 한다. '친구'로서는 더할 나위 없는 파트너여도, 혹은 결혼을 해야 옳은 일인 것처럼 보일지라도 그 사람에게 이성 적으로 강렬하게 끌리지 않는다면 결혼이라는 단어는 잊어야 한다.

사람들은 우리가 유달리 스킨십이 많은 커플이라고 했다. 우리는 항상 키스를 하든지, 손을 꼭 붙잡고 있든지, 아니면 한 쌍의 고양이처럼 어깨를 꼭 붙인 채 기대어 있곤 했다. 그렇게 서로 접촉하고 있으면 더없이 마음이 편해졌다. 어떤 사정으로 한동안 떨어져 있다가 다시 만났을 때 우리가 제일 먼저 하는 일은 서로 살갗을 맞대는 것이었다

누군가와 함께 있을 때 그 사람과 마음이 동하는지 그렇지 않은지는 직감적으로 알 수 있다. 마음속에 '이 사람이 내게 맞는 짝인 건까?' 하는 물음표가 생긴다면 그 사람은 당신 짝이 아

니다. '그에게 육체적으로 끌리는가?' 하는 의문이 든다면, 끌리지 않고 있다는 뜻이다. 부부란 하늘이 맺어주는 인연이지만 이른바 '속궁합'이 잘 맞는 것은 대단히 중요하다. 적어도 우리 부부에게는 그랬다.

신혼기간이 지나고 나면, 어느새 모종의 위태로운 패턴이 결혼 생활에 슬그머니 자리잡으면서 처음에 불타올랐던 열정이 시들해질 수 있다. 그렇기 때문에 중요한 것을 놓치기 전에 결혼 선배들에게 미리 사랑의 불꽃을 꺼트리지 않는 비법을 듣고 마음에 새겨둘 필요가 있다.

당신이 아름답고 매력적인 존재라는 사실을 알고 있는가? 당신은 틀림없이 그런 사람이다. 그렇지 않으면 지금 옆에 있는 배우자가 어떻게 당신에게 홀딱 빠져 결혼했겠는가? 하지만 결혼했다고 해서 외모와 몸가짐을 가꾸는 일에 소홀해도 되는 것은 아니다. 또 배우자와 대화가 끊어지지 않도록 늘 이런저런 정보를 챙기려고 노력해야 한다. 시간이라는 적군 때문에 전전긍긍하면서 이를 이기기 위해 헛된 노력을 하라는 말이 아니다. 세월이 흐르면 누구나 나이를 먹고 얼굴에 주름살이 늘어간다. 인간인 이상 예외가 없다. 하지만 똑같이 나이를 먹더라도 멋지게 늙어가는 방법은 얼마든지 있다.

결혼한 사람들이 원하는 것은 비슷하다. 배우자와 계속해서 행복으로 가득한 삶을 꾸려가는 것, 더 많이 사랑하고 아끼며 살아가는 것, 주변 누구나 부러워할 만한 부부 관계를 이어가면서 손을 꼭 잡은 채 운명적인 반쪽이라고 느끼며 함께 늙어가는 것…….

남편이 중년의 위기를 겪고 있는데 어떻게 해야 할지 모르겠다며 내게 조언을 구하는 여성이 많다. 그런데 그런 남편과 앞으로의 인생에 대해 진지하게 대화를 나누어보면 아마 눈치채게 될 것이다. 멋진 스포츠카나 젊은 여비서와의 은밀한 여행처럼 즉각적인 만족을 갈망하는 욕구 이면에는 사실 '나이 듦에 대한 불안감'이 자리 잡고 있다는 것을 말이다. 중년의 위기는 대개 늙어감에 대한 불안감의 표출인 경우가 많다. 그 중심에는 아내에 대한 미움보다 삶의 근원적 불안 앞에서 당황하는 인간의 몸부림이 있다. 이러한 부분을 미리 알고 침착한 태도로 인생과 결혼생활에서 중요한 것을 놓치지 않으려고 노력한다면, 남편이 겪는 심리적 공황을 이겨내기가 어렵지 않을 것이다.

스스로 만족감과 평온함을 얻기 위해서는 먼저 몸이 편안해야 한다. 몸이 하는 말에 귀를 기울여 몸이 무엇을 필요로 하는지 살피자. 건강에 좋은 음식을 챙겨 먹고 규칙적으로 운동을 하고 휴식을 충분히 취하자. 그리고 가끔은 작은 호사를 누릴 수 있는 기회를 스스로에게 선물하자.

나의 경우 의사의 권고에 따른 거품목욕이 효과가 있었다. 나는 스트레스를 받거나 피곤하면 거품이 가득한 욕조에 온몸을 푹 담근 채 스스로 되돌아보면서 존중감을 되찾는다. 목욕을 끝내고 물기가 마를 때쯤이면, 나를 괴롭히던 고민거리와 마주하기가 한결 쉬워진다. 단, 욕조에 들어갈 때는 고민거리를 가지고 들어가서는 안 된다!

꼭 거품목욕이 아니어도 된다. 몸에 에너지를 불어넣어주고 기분 전환에 도움이 되는 활동 한 가지쯤은 마련해두길 바란다. 강아지를 데리고 근처 공원을 산책하든, 좋아하는 소설을 읽으며 이야기에 푹 빠지든, 음악을 크게 틀어놓고 거실에서 실컷 춤을 추든 무엇이든 좋다. 아니면 좋아하지만 비싸서 평소에 잘 먹지 못하는 음식을 음미하는 것도 좋다. 무엇이든 좋으니 가끔은 자신에게 선물을 해주자.

애정의 불꽃

내적인 만족과 평온은 우리 몸에 보약과도 같지만 외모를 깔끔하고 매력 있게 유지하는 것 역시 중요하다. 그것은 자아존중의 또 다른 표현이다. 체형이 어떻든 또 얼굴 생김새가 어떻든 당신이 최고의 모습을 끌어낼 수 있는 방법은 있다. 거울 속 자신의 모습을 객관적인 시선으로 쳐다보면서 스스로 최고의 모습으로 가꿀 방법을 궁리하는 것이다.

수시로 사람들을 대해야 하는 직업을 갖고 있는 사람이라면 분명히 일터에서 깔끔한 외모를 유지하려고 애쓸 것이다. 그런데 집에 배우자와 함께 있을 때는 어떤가? 낡은 티셔츠에 꼬질꼬질하고 헐렁한 추리닝 차림은 아닌가? 아끼는 옷이라는 이유만으로 오랫동안 입어야 한다는 생각은 버리길 바란다. 낡은 티셔츠에 추억이 담겨 있어 소중해도, 당신이 사랑하는 사람에게 낡고 지저분한 옷을 걸친 모습을 보이지 말았으면 한다. 편안함과 품위가 절대로 공존할 수 없다는 말은 아니지만, 집이라고 해서 아무렇게나 입고 있는 것은 배우자에게 '당신은 내가 옷차림에 신경 써야 할 만큼 중요한 사람이 아니야'라는 메시지를 전하는 것과 마찬가지다. 많은 돈을 들이지 않아도 집에서 입기에도 편하고 갑자기 찾아온 손님을 맞이할 때도 전혀 손색이 없는 옷을 얼마든지 장만할 수 있다. 남편이든 아내든 언제나 깔끔하고 보기 좋은 외모를 유지하려고 노력하는 것이 바람직하다. 아니 적어도 이 정도는 신경 써야 한다.

　애정의 불꽃을 유지하기 위해 외모 관리보다 훨씬 더 중요한 것이 있다. 배우자가 당신에게 최고의 친구로 꼽힌다면 더할 나위 없이 바람직하다. 진정한 친구란 어떤 존재인가? 남들에게 말하지 못할 속마음을 털어놓을 수 있고 서로의 꿈을 응원해주고 기쁨과 슬픔을 나누기 위해 언제라도 기꺼이 시간과 노력을 내어주는 그런 존재가 아닌가? 당신의 배우자에게 언제나 좋은 친구가 되어주려고 노력한다면, 연애할 때처럼 불타오르지는 않더라도 둘 사이의 애정을 유지하는 데 큰 도움이 될 것이다.

　누군가가 나를 행복하게 해줄 방법을 진지하게 고민한다는 사실을 알게 될 때, 나의 가슴속은 아주 특별한 감정으로 차오른다. 그것은 진짜 사랑의 징후이며 "사랑해"라는 말을 듣거나 퇴근 후에 사온 꽃다발을 받는 것보다 훨씬 더 커다란 감동을 안겨준다. "사랑해"라고 말하거나 아름다운 꽃을 사주는 것은 누구나 할 수 있다. 그러나 당신을 그 누구보다 사랑하고 아끼고 잘 아는 사람만이 당신에게 중요한 것들을 이해할 수 있고, 또 당연히 해야 할 일이라는 듯 당신을 위해 그 일을 할 것이다. 생색내고 자랑하려는 의도는 전혀 없이 순전히 사랑과 배려하는 마음에서 나오는 행동이기 때문이다.

물론 한 번씩은 사랑하는 사람을 위해 특별한 무언가를 해주고 생색을 낼 필요가 있다. 내가 아르헨티나의 부에노스아이레스에서 쇼핑을 마치고 나서 해리를 따라 기꺼이 아마존 강에 갔던 것처럼 말이다. 나는 불편한 생활은 딱 질색인데다 뱀도 지독히 무서워하지만, 아마존 강은 해리가 아주 오랫동안 꿈꿔온 곳이었다. 아마 나 혼자였다면 아름다운 파리에 갔거나 아니면 차라리 집에 있는 편을 택했을 것이다. 하지만 아마존에서 굉장히 행복해할 해리의 모습이 눈앞에 선했고 우리 어머니도 그곳에 가보라고 내 등을 떠밀었다. 나는 즐거운 마음으로 해리를 따라갔고 그가 행복해하는 모습을 보며 덩달아 즐거웠다. 물론 냄새 나고 뱀이 우글대는 아마존 산길을 걷는 일은 그다지 즐겁지 않았지만 말이다.

해리는 평생 동안 내게 아낌없는 관심과 사랑을 줌으로써 나의 자존감을 높여주었다. 그 덕분에 나는 늘 여왕이 된 기분이었다. 나는 '이 사람이 내게 권태를 느끼면 어쩌지?' 하는 걱정을 해본 적이 없었다. 한하게 빛나는 그의 눈을 보면 우리의 사랑이 변함없이 굳건하다는 것을 금세 알 수 있었다. 우리는 흔히 말하는 '밀당'을 해본 적이 없었다. 사실, 밀당을 하는 방법조차 알지 못했다.

해리와 나는 괜히 서로에게 관심 없는 척한 적도 없었으며 늘 자신의 감정에 솔직했다. 데이트할 때 나는 키스하고 싶어 하는 해리에게서 등을 돌린 채 "아이, 지금은 안 돼. 내일 할래" 하며 안달나게 만드는 일은 한 번도 없었다. 남자친구에게 툭 하면 그런 식으로 말하는 여자들이 많다는 것을 나도 알고 있었다. 그러나 상대방을 애타게 하면 그것이 부메랑처럼 본인에게 다시 되돌아오는 법이다. 나는 그 부메랑을 맞고 싶지 않았고, 무엇보다 그런 밀당은 나에게 맞지 않았다. 그리고 해리가 나를 몹시 특별한 여자로 생각한다는 사실을 잘 알았기에 그를 실망시키고 싶지가 않았다.

이기심을 내려놓고 상대방을 사랑해야만 당신이 원하는 사랑을 얻을 수 있다. 당신의 애인이나 배우자가 무언가를 원한다면, 그것이 비상식적인 수준이 아니라면 존중하고 응원해주자. 해리가 보트를 사고 싶어 했을 때 나는 흔쾌히 그러라고 했다. 보트 타기는 내 관심사와 한참 거리가 멀었지만 해리가 원하는 것을 하도록 두었고 그를 방해하지 않았다. 나는 해리가 원하는 일 앞에서 "안 돼"라고 말하지 않았다. 해리 역시 내가 하고 싶은 일이 있을 때 그렇게 했다.

요즘 커플들이 마주하는 커다란 문제 중 하나는 과도한 자극인 것 같다. 너나 할 것 없이 바쁘게 돌아가는 세상 속에서 마음과 머리가 한없이 분산되어 있지 않은가? 특히 젊은 사람들이 그렇다. 그들은 한쪽 귀로 내 조언을 들으면서도 시선은 이곳저곳으로 향하고 손가락은 컴퓨터나 스마트폰으로 향하기 일쑤다. 한마디로 그들은 정보에 '중독'되어 있다. 아무 생각 없이 그런 트렌드에 휩쓸리다가는 언젠가 모종의 대가를 치러야 할지도 모른다.

연인이나 부부 관계를 오래도록 아름답게 가꾸어가고 싶다면, 사랑하는 사람에게 진심 어린 관심을 쏟을 줄 알아야 한다. 차고에서 자잘한 허드렛일을 끝낸 후이든 직장에서 힘든 하루를 보내고 퇴근하는 길이든, 배우자가 방에 들어오면 하고 있던 일을 내려놓고 그의 눈을 쳐다보며 반가운 마음을 말로 표현하자. 그가 진심 어린 관심과 애정을 느낄 수 있는 말을 건네라는 얘기다. 처음에는 어색하고 잘 안 될지 몰라도 여러 번 하다 보면 어느새 자연스러워질 것이다.

풍선을 가지고 놀아본 적이 있는가? 풍선은 손가락으로 '톡' 하고 살짝만 건드려도 저 높이 천장까지 올라간다. 당신의 배우자도 환한 미소와 따뜻한 말 한마디에 기분이 하늘도 누능실 떠오를 수 있디. 아주 작은 노력 하나가 둘 모두에게 커다란 선물을 선사한다.

명심하자. 행복한 결혼생활을 유지하고 싶다면 항상 상대방에게 관심을 기울여야 한다. 상대방을 '당연히 늘 그 자리에 있는 존재'쯤으로 여겨서는 안 된다. 현관문을 열고 들어오는 배우자를 환한 얼굴로 맞이하는 것, 그것보다 중요한 일은 세상에 없다. 해리와 나는 73년이라는 세월을 사는 동안 상대방이 밖에 나갔다 들어올 때면 어김없이 환한 얼굴로 맞았고, 그 덕분에 좋을 때나 힘들 때나 늘 기운을 얻을 수 있었다.

누가 내게 세상에서 가장 아름다운 것이 무엇이냐고 묻는다면 집에 들어오는 나를 보고 눈가에 잔주름이 생기도록 미소 짓는 해리의 얼굴이라고 주저 없이 대답할 것이다. 내가 해리의 미소를 보며 그랬듯이 당신의 배우자도 당신의 환한 미소를 보며 사랑받고 있다는 사실을 마음 깊이 느끼게 되기를 바란다.

사랑의 몸짓에 대하여

과거에는 사람들이 섹스라는 화제를 쉽게 입에 올리지 못했다. 집이나 학교에서 성교육을 실시하는 일 자체가 없었을 뿐더러 친구끼리도 섹스에 관해 이야기하는 것이 껄끄러운 분위기였다. 부모님과 섹스에 대한 얘기를 나누는 것은 당연히 상상조차 할 수 없었다. 인생의 짝을 만나고 아이를 낳고 나름대로 침실에서의 시간을 즐겼지만, 어쨌든 섹스에 대해 내놓고 말할 수 있는 시절은 아니었다.

섹스란 말로 왈가왈부할 필요가 없는 것이다. 섹스에 대해 장황하게 떠드는 사람이야말로 아무것도 모르는 사람이라고 생각한다. 해리와 나에게 섹스란 그저 늘 함께 있고 싶은 마음의 연장선 같은 것이었다. 우리가 결혼을 빨리 한 데는 분명히 잠자리를 함께히고 싶은 마음도 영향을 미쳤다. 배우자 이외의 사람과 잠자리를 하는 것은 나로서는 생각할 수도 없는 일이었으니 말이다.

해리를 만나기 전에도 남자를 사귀어보았지만 따뜻한 포옹만으로는 부족하다고 느낀 건 해리가 처음이었다. 다른 남자와 데이트를 할 때도 그 사람이 마음에 들면 약간의 스킨십은 마다하지 않았다. 하지만 적당하다고 느끼는 스킨십과 불편하게 느껴지는 스킨십 사이에는 분명한 경계선이 존재했다. 젊었을 때 내 친구들은 종종 '키스 게임'을 했디. 그때바나 나는 게임에서 빠졌디. 좋아하지 않는 사람과 키스를 하는 것이 끔찍이 싫었기 때문이다. 어떤 사람들은 그런 게임에서 짜릿함을 느끼고 싶어 하지만 나는 진실한 마음이 더 중요하다고 믿었다.

그런데 해리를 만나 사랑에 빠지면서 마음속의 경계선이 조금씩 무너지기 시작했다. 해리야말로 진짜 내 사랑임을 깨달았다. 해리의 모든 것이 사랑스러웠다. 그의 품에 안겨 보내는 시간이 정말 행복했다. 나는 그저 '해리'만을 생각했을 뿐 그를 만나면서 꼭 섹스를 떠올리지는 않았다. 섹스가 우리 사랑의 일부분이 될 것은 분명했지만 서두르거나 집착할 것은 아니었다. 우리는 섹스에 관해 이야기를 나눠본 적이 없었다. 하지만 마침내 함께 한 이불 속으로 들어갔을 때는 사랑의 몸짓이 자연스럽게 이어졌다.

배우자와 행복한 결혼생활을 하고 싶다면 바쁘거나 피곤하다는 핑계로 배우자를 멀리해서는 안 된다. 조금 피곤하더라도 배우자와 함께하는 시간을 가져야 한다. 그럼 당신이 생각했던 것만큼 녹초는 아니었다는 사실을 깨닫게 될지도 모른다. 머리칼에 하얀 서리가 내려앉는 나이가 되었을 때 젊은 시절 이런저런 핑계를 대며 배우자와의 잠자리를 멀리 했던 밤들이 떠오르면, 당신은 몹시 후회하게 될 것이다.

나는 참 운이 좋은 여자였다. 해리와 침실에서도 잘 통했으니 말이다. 해리가 나보다 성경험이 많아서 다행이었다. 정말이지 나는 '뭘 모르는' 여자였다. 그래서 해리를 통해 섹스에 대해 조금씩 알아갔고, 침실에서 문제를 겪는 부부들과 달리 지혜롭게 대처한 측면이 많았다.

만약 우리 사이에 힘겨운 갈등이 있었다면 나는 망설이지 않고 부부 문제 카운슬러를 찾아갔을 것이다. 어려움에 처했을 때 누군가에게 도움을 요청하는 것은 결코 부끄러운 일이 아니다. 몸이 아프면 의사를 찾아가고 골치 아픈 세금문제를 상담하려면 회계사에게 간다. 훌륭한 전문가의 조언을 얻는 데 드는 비용은 그만한 가치가 있다. 물론 당신이 비용을 감당할 새 정적 여유가 있다면 말이나. 아니면 책에서 유용한 도움을 얻을 수도 있을 것이다. 당신의 목표는 행복하고 건강한 인생을 사는 것이어야 하며, 도움 청할 때를 안다는 것은 당신이 어떤 어려움이나 시련도 헤쳐나갈 수 있는 사람이라는 의미다.

잠자리를 함께하는 관계로 발전시키고 싶은 누군가가 있다면 먼저 그 사람을 제대로 알아야 한다. 그 사람을 마음 깊이 좋아해야 하고 그 사람이 당신을 진심으로 존중하고 배려할 것이라는 확신이 들어야 한다. 그런 사람일 것이라고 마음속으로 '바라기만' 해서는 안 된다. 그 사람과 많은 시간을 함께 보내면서 그가 어떻게 행동하는지 지켜봐야 한다. 만일 상대가 당신을 알아가려는 노력을 별로 하지 않거나 깊은 관계로 발전하기까지 걸리는 시간을 견디지 못하는데도 불구하고 그와 깊은 관계를 가졌다면 십중팔구 후회하게 될 것이다.

판단을 내릴 때는 무엇보다도 직감과 자존감이 중요하다. 그 사람과 사귀는 동안 스스로 질문을 던져보자. '그 사람과 있으면 정말로 편안한가?', '그 사람의 가치관에 동의할 수 있는가?' 때로는 '더할 나위 없이' 완벽한 배우자감으로 느껴지는 사람도 있다. 똑똑한 머리에 친절하고 로맨틱하기까지 하는 등 한마디로 모든 조건을 다 갖춘 듯한 사람 말이다. 그런데 사귀다 보니 무엇인가 이상하게 느껴진다면? 친하게 지내는 친구도 없고 당신을 제외하고는 특별히 어울리는 지인도 별로 없는 것 같다면? 그렇다면 그 사람과의 교제를 다시 생각해볼 필요가 있다. 아무리 잘난 사람이라도 다른 사람들과 관계를 맺지 않고 살아왔다면 무엇인가 문제가 있다. 믿기지 않을 만큼 완벽해 보이는 사람이라면 일단 경계심을 가져야 한다. 정말 좋은 짝은 '믿기지 않을 만큼'이라는 수식어가 어울리지 않으며, 나이가 들수록 점점 더 진가를 발휘하는 법이다.

깊은 관계로 발전해도 되는 사람인지 판단할 때 던져봐야 할 중요한 질문들이 또 있다. 대답하기 무척 어려운 질문이기도 하다. 이를테면 스스로 이렇게 물어보자.

- 만약 이 사람과 잠자리를 같이하는 사이가 되면 나중에 어떤 결과에 이르게 될까?
- 내가 감정적으로 그리고 신체적으로 치러야 할 대가가 무엇일까?
- 내 행동을 설명할 수 있을까?
- 시간이 흐르고 나중에 후회하지는 않을까?

앞선 질문들의 답을 생각해보는 일은 결코 신나지 않을 것이다. 게다가 한창 눈에 콩깍지가 씌어 있을 때는 그와 같은 질문들이 떠오를 리 만무하다. 그럼에도 진시하게 생각해봐야만 나중에 깊게 상처받는 일을 막을 수 있다.

마음에 드는 이성 앞에서 가슴이 두근거리고 흥분되는 것은 지극히 자연스러운 일이다. 누구나 연애 초반에는 그런 감정을 느낀다. 그런데 '나쁜 남자'에게 홀딱 빠져서 잠시 흥분되고 설레었다가 나중에는 멍든 가슴을 안고 아파하는 이들 역시 처음에는 그런 김징을 느낀다. 따라서 누군가 때문에 가슴이 설렌다면 차분하게 자신의 감정을 들여다봐야 한다. 진짜 사랑이 시작되려는 두근거림인지, 마음이 들뜨고 한한 불꽃처럼 바오르는지, 사랑처럼 보이지만 실은 조급한 안날에 불과해서 왜지 불안하고 두려운지 찬찬히 들여다보자.

때로는 그 모든 복삽한 감정이 뒤엉켜 있어서, 자신의 진짜 감정이 정확히 어떤 것인지, 또 왜 그런 감정이 드는지 헷갈릴 것이다. 그럴 때일수록 냉정하고 이성적으로 생각해야 한다. 서둘러서 잘 되는 것은 없다. 그저 "이 사람이 좋아"라고 스스로 되뇌며 사랑에 마냥 달아올라 있지 말고 그 사람의 '어떤 점'이 좋은지 차분하게 생각해볼 필요가 있다. 그의 매력적인 외모인가 아니면 내면에 강렬하게 끌리는가? 그 사람을 떠올릴 때 어떤 말로 표현할 수 있는지 생각해보면 그 질문들에 대한 답을 찾기가 쉬워질 것이다. 만일 당신이 지금 만나고 있는 사람을 떠올리며 다음과 같이 말할 수 있다면 나는 그 만남을 계속 이어가라고 응원하고 싶다.

"오늘 직장에서 굉장히 중요한 프레젠테이션이 있었는데, 그 사람이 잊지 않고 나에게 잘했느냐고 물어봤어."

"난 그 사람이 식당 종업원에게 친절하고 정중하게 대해서 참 좋아."

"함께 만날 때면 그 사람의 친한 친구들이 나를 진심으로 반겨주고 좋아해."

"그이는 약속 시간에 어김없이 전화한다니까."

"그 사람은 자기 인생에 대해 늘 계획을 세워놓는 점이 마음에 들어."

만일 그에 대해 할 수 있는 말이 "그는 참 잘생겼어. 몰고 다니는 자동차도 근사하고 나한테 돈을 아낌없이 써. 그리고 늘 세련된 옷차림을 하고 다녀” 같은 것뿐이라면, 나는 그런 것을 장점으로 꼽을 수 있는 남자는 세상에 얼마든지 있다고 말해주고 싶다. 물론 미래의 배우자감에게 그런 것들을 원할 수는 있지만, 그것이 전부여서는 곤란하다. 겉으로 드러나는 모습만 보고 상대방을 좋아하게 된다면, 그 ‘완벽한’ 파트너의 모든 점이 완벽하지 않다는 사실을 알았을 때 반드시 후회하게 될 것이다.

매사에 속이 깊고 좋은 품성을 지닌 사람은 연인과의 관계에서도 그 품성이 고스란히 드러나기 마련이다. 파트너를 존중할 줄 아는 사람은 침실 안에서든 바깥에서든 둘의 관계에 소홀하지 않으려고 노력하며, 그런 사람이라야 당신을 행복하게 해줄 수 있다.

상대방의 긍정적인 특징과 성품은 선물처럼 기꺼이 받아들이면 되지만, 부정적인 특징은 그냥 무시하고 지나쳐서는 안 된다. 만일 시간이 흐르면서 상대방의 어떤 점들이 왠지 인정하기 싫고 점점 고개를 돌리고 싶어진다면, 둘의 관계는 살얼음판을 걷듯 아슬아슬한 상태에 있는 것이나 마찬가지다. 상대방의 싫은 점들을 못 본 척 외면해서는 안 된다. 설렘에 눈이 멀어 가슴에 상처만 안겨줄 사람을 알아보지 못하는 우를 범하지는 말자.

평생의 반려자로 곁에 남을 누군가를 만나고 싶다면 약간의 모험을 기꺼이 감수할 필요가 있다. 내일 어떤 일이 일어날지 누구도 예측할 수 없으니, 두 눈을 크게 뜨고 인생의 반쪽을 찾으려는 노력을 기울여야 한다. 물건을 살 때나 살면서 이런저런 선택을 내릴 때도 신중을 기해야 하는데 하물며 배우자감을 고를 때는 어떻겠는가? 나의 짝은 하늘 아래 어딘가에 반드시 존재한다. 직장이나 학교를 고를 때 또는 옷 색깔이나 이사 갈 지역을 선택할 때 고민하고 노력하는 만큼 짝을 찾는 일에도 노력을 기울여야 한다. 그럴수록 천생연분을 만날 확률도 높아질 것이다.

부모로서 산다는 것

아이를 가질 계획이 있는 부부에게 나는 이렇게 말해주고 싶다. "마젤 토브mazel tov!" 마젤 토브는 유대인들이 쓰는 말로 '축하합니다', '행운을 빕니다'라는 뜻이다. 아이를 낳는 것은 두 남녀가 동참할 수 있는 가장 고귀하고 행복한 일이다. 아이를 낳고 키우는 데서 오는 기쁨과 행복은 직접 경험하기 전에는 얼마나 강렬하고 값진 것인지 절대 알 수 없다.

아이가 생긴다는 것은 부부에게 세상의 중심이 생기는 것과 같다. 그래서 부모가 되면 둘만의 사랑을 가꾸는 일은 저만치 뒤로 밀려나기 십상이다. 아이 키우는 일에 동반되는 온갖 책임과 감정에 온 신경이 쏠리기 때문이다. 그렇게 정신없이 시간이 흐르다 보면 어느 순간 아이들은 다 자라 있고 당신은 애틋하게 사랑하는 누군가가 아니라 같이 해오던 임무를 끝낸 동료가 곁에 앉아있음을 발견하게 된다. 그렇게 되면 둘의 사랑을 원래의 궤도로 올려놓기가 쉽지 않다. 설령 두 사람이 그것을 원한다고 할지라도 말이다.

임신과 출산을 거치고 아이들이 성장해 집을 떠날 때까지 부부의 사랑의 불꽃이 꺼지지 않도록 유지할 수 있는 방법은 얼마든지 있다. 자녀들은 소중한 존재이므로 부부의 중심이 되는 것은 당연하지만, '언제나 무조건 자식들이 먼저'가 되어서는 안 된다. 집안에는 위계질서가 있어야 하며 아버지와 어머니의 관계는 가정이라는 존재를 받쳐주는 기둥이다. 서로 아끼고 사랑하는 부부가 가정의 중심축이 되면, 가족 구성원들은 그 모습을 보면서 서로를 존중하는 법과 인간관계를 소중히세 여기는 법 그리고 가족 내에서 각자의 역할과 책임을 맡는 방법을 자연스럽게 배운다.

아이들이 아직 어릴 때는 부부가 둘만의 시간을 많이 갖기가 어렵다. 하지만 사랑하는 두 사람의 관계를 가꿔가는 데 중요한 것은 시간의 양이 아니라 질이다. 너무 바빠서 사랑하는 사람에게 시간을 낼 수가 없다는 것은 핑계에 불과하다. 5분이라는 짬만 있어도 남편 또는 아내와 잠깐 데이트를 즐기기에 충분하다. 아기가 낮잠을 자고 있을 때 거실 바닥에 폭신한 러그를 깔고 샴페인 한 잔쯤 곁들이면서, 둘만의 오붓한 미니 피크닉을 즐겨보자. 누군가가 아기를 대신 봐줄 수 있는 상황이라면 기꺼이 아기를 맡겨놓고 데이트하는 것도 좋다. 배우자에게 사랑의 편지를 써서 살짝 전해주는 등 바쁜 일상에서 서로에게 사랑을 표현할 수 있는 방법은 얼마든지 있다. 둘의 사랑이 식지 않기를 바라고 또 그것을 위해 노력한다면 사랑은 절대로 변하지 않을 것이다.

커가는 아이들 앞에서 부부의 애정표현을 숨기려고 애쓰지 말자. 아이들은 부모의 모습을 보면서 사랑을 배우고 부모는 자식 앞에서 행동하면서 성숙한 존재로 변모한다. 사람은 성인이 되어 부모 품을 떠날 때, 누군가와 사랑에 빠져 결혼할 때, 자식을 낳아 부모가 될 때, 그 자식이 다 커서 독립할 때 등등 인생의 주요 단계마다 다른 모습으로 변하는 존재다. 부모란 각각의 인생 단계에 가장 어울리는 교본이 되어야 한다. 그러니 배우자에 대한 사랑을 아이들 앞에서 숨기지 말자. 집안에서 사랑하는 부부의 모습을 편안하게 보여주어야 아이들이 그 모습을 보고 배운다.

우리 집의 경우, 아기를 갖고 싶은 마음이 강했던 사람은 나였다. 해리는 아이가 없어도 상관없다고 했지만 내가 귀여운 아기를 갖는 데에 기꺼이 동의해주었다. 내가 임신했을 때 해리도 임신한 것 같았고 내가 아기를 사랑하는 만큼 해리 역시 아기를 끔찍이 사랑했다. 우리는 함께 아기를 키우면서 하나의 생명을 책임진다는 것이 어떤 것인지 깨달았다.

우리 둘 다 애완동물조차 키워본 경험이 없어서 마음 한편으로 걱정스럽고 두려웠지만 아기를 키우는 것은 한없이 즐겁고 기쁜 일이기도 했다. 나는 집에서 아기를 돌보고 해리는 우리 세 식구가 사는 데 필요한 돈을 벌기 위해 밖에서 열심히 일했다. 부모 역할에 충실하려고 애쓴 시간들은 해리와 나를 어느 때보다 단단하게 묶어주었다. 둘이 함께 삶을 꾸려간다는 말의 진정한 의미를 깨달았던 시기였다. 그림 속 풍경처럼 여유롭지만은 않았지만, 그것은 우리가 기꺼이 원한 삶이었다.

누군가 내게 "왜 엄마가 되고 싶었느냐?"고 물으면 대답이 얼른 떠오르지 않는다. 그냥 엄마가 되고 싶었다. 엄마가 되는 것은 성숙한 인간이 되는 또 하나의 과정이다. 그것은 내가 기꺼이 밟아야 할, 인생의 자연스러운 단계라고 생각했다. 해리는 아이를 적극적으로 원하지는 않았지만 일단 아이가 생기자 아빠 역할을 멋지게 해냈고 부모가 되었다는 사실을 편안하게 받아들였다.

아이들과 함께하는 시간이 얼마나 행복했는지 모른다. 사랑스럽고 장난기 넘치는 그 애들한테는 우리가 꼭 필요했다. 그리고 아이들과 우리 사이에는 언제나 사랑이 흘러넘쳤다. 자식들이 조금씩 성장하고 이런저런 단순한 것들을 하나씩 배워가고 자기 생각과 개성을 표현하기 시작하는 모습을 지켜본 시간들은 내 삶을 이루 말할 수 없는 행복으로 채워주었다.

그런데 아이들이 커갈수록 우리가 원하는 방식을 고수하기가 점차 어려워졌다. 아이들은 서서히 어린아이가 아닌 '사람'이 되어갔다. 좋은 면이든 나쁜 면이든 부모의 많은 부분을 닮기도 했다. 우리 두 아이들이 고집 세고 상상력이 풍부했던 것도, 어릴 때부터 자기 행동에 대한 판단력이 있었던 것도 결국은 해리와 나의 성격을 닮아서 그런 것이리라.

아이를 키우는 일은 결코 만만치가 않았다. 아이들을 키우는 과정은 육체적·정신적 피로가 컸다. 평정심을 유지하기도 무척 힘들었다. 그렇다고 매번 짜증만 내서는 안 된다. 일상 생활의 적절한 리듬을 유지하고 때때로 심호흡을 하며 마음을 가라앉

히고, 자신만을 위한 공간과 여유를 찾아야 한다. 그래야 완전히 녹초가 돼서 나가떨어지지 않을 수 있다. 부모로서 살아간다는 것은 절대로 쉬운 일이 아니다. 하지만 정신없이 하루를 보낸 뒤 아이들을 씻기고 침대에 누인 후 달콤한 살냄새가 나는 뽀얀 뺨에 입맞춤할 때면, 천사와 같은 미소를 지으며 나를 올려다보는 애들을 볼 때면 세상에서 엄마가 된다는 것만큼 행복한 일도 없다는 생각이 들었다.

아이들이 우리보다 키가 커질 무렵이 되자, 자식들을 마음대로 통제하기 힘들어졌다. 그저 아이들이 자존감을 가지고 주변 사람들도 존중할 줄 알도록 우리가 잘 가르쳤기를 바랄 수밖에 없었다.

부모로 산다는 것은 놀랍고도 소중한 경험이다. 그러나 나처럼 오랜 세월을 살아보면 아이들 키우는 시간은 기나긴 인생의 아주 작은 조각에 불과하다는 것을 알게 된다. 인생에서 학창시절을 보낸 시간만큼 짧은 시간이다. 영원히 학생일 수 없듯이, 언제까지 지식 일에 참견하는 엄마나 아빠로 살 수는 없다. 당신은 개인으로서 계속 성장해야 한다. 자식들이 자립심을 키우도록 돕는 순간에도 말이다

나는 젊은 부모들에게 그지 하루하루를 최선을 다하며 살아가라고 말해주고 싶다. 당신 자신과 배우자의 마음의 목소리에 귀를 기울이면서 살자. 어쩌다 실수를 할지라도 당황하지 말자.

내일 또다시 같은 실수를 하지 않으면 된다. 사랑하는 가족들을 위한 최선의 길이 무엇일지 생각하고 그 방향으로 나아가면 틀림없이 소중한 무언가를 얻게 될 것이다.

또 하나의 가족

시간이 더 흘러 아이들은 제 앞가림을 할 나이가 되었고 각자의 인생을 살기 시작했다. 그러자 갑자기 해리와 나는 마치 신혼 시절처럼 '우리만의' 삶을 살아야 했다. 아니, 엄밀히 말하면 신혼 때와는 많은 것이 달라져 있었다. 좁은 아파트와 몇 안 되는 지인들, 삶에 대한 막연한 기대와 불안이 혼재된 감정 대신 이제 우리에게는 어엿한 집과 일이 있었다. 이런저런 습관과 생활 패턴도 생겨났으며 중요한 가족 네트워크도 만들어졌다.

친구의 아이들 몇몇은 해리와 나를 부모처럼 여기며 잘 따랐고, 우리 애들 역시 친구들에게 끈끈한 유대감을 느꼈다. 이와 같은 인간관계는 매우 커다란 힘을 가지며 삶에 행복을 더해준다. 따라서 자식 키우는 일에만 몰두하느라 친구관계를 소홀히 해서는 안 된다. 외국어를 배우는 일과 마찬가지로 친구를 사귀고 우정을 쌓는 일도 젊었을 때 해야 더 쉽다.

임신을 하면 자신처럼 임신했거나 아이를 키우는 여성들이 더 자주 눈에 띄고 만날 기회도 많아지는 법이다. 그들 중 일부는 친절하고 또 친절한 여성들 중 일부는 당신과 잘 통할지도 모른다. 또 친절하면서 당신과 잘 통하기까지 하는 여성들이 이웃에 살고 있을지도 모른다. 산부인과 대기실, 놀이터, 어린이 야구단 경기장, 발레 교습소, 슈퍼마켓, 도서관 등 당신이 친구를 사귈 수 있는 장소는 무궁무진하다. 사람들에게 관심을 갖고 친절한 태도로 다가가면 마음이 맞는 친구를 분명히 발견할 수 있을 것이다.

다른 가족과 함께 여행을 떠날 기회가 생기면 망설이지 말고 함께 떠나자. 돈도 훨씬 절약되고 부모들이 돌아가면서 아이들을 봐준다는 장점도 있다. 그리고 세월이 흘러 그렇게 쌓인 인간관계는 값진 재산이 된다. 해리와 나의 친구들은 힘들 때나 기쁠 때나 늘 우리 곁에 있었고, 혹여 우리가 잘못된 판단을 할 때면 늘 방향을 바로잡아주었다. 아이들을 키우면서 이런저런 일로 노심초사할 때도 고민을 기담이 들어주고 우리의 결정을 응원해줬다. 그런 친구들이 옆에 있어서 얼마나 든든했는지 모른다.

5장

세상에서 가장 행복한 부자는

행복은 찾아서 소유하는 것이 아니다.

진정한 행복은 내면에 있다.

한 인간으로, 누군가의 배우자로, 누군가의 부모로

사랑을 나눠주고 있다면 당신은 세상 누구보다 행복한 부자다.

내가 젊었을 때는 집에서 살림하고 아이들 키우는 일에만 전념하는 주부가 많았고 전업주부로 생활하는 것이 나은 가정들도 있었다. 그러나 우리의 경우에는 그렇지 않았다. 나도 결혼하고 나서 몇 년간은 집에서 요리와 청소와 이런저런 가사를 챙기는 데 힘을 쏟았다. 딸 캐럴Carol은 속이 깊은 착한 아이였고, 아들 잰Ian은 사람들과 금세 친해지는 귀염둥이였다. 나는 아이들이 어렸을 때는 집에서 육아에 전념했고 아이들과 함께 보내는 시간이 매우 행복했다. 그런데 아이들이 커서 학교에 다니기 시작하자 집이 마치 나를 가두는 감옥처럼 느껴졌다. 낮에 혼자 텅 빈 집에 있노라면 따분함이 몰려왔고 해리가 자꾸 보고 싶었다.

해리는 생계를 위해 여러 종류의 일에 뛰어들었다. 결혼할 무

렵 해리는 고급 식료품을 트럭에 싣고 다니며 도시 곳곳의 시
장과 가게에 납품했다. 그래서 그는 좋은 음식을 알아보는 미
각이 뛰어났고 남들은 입에 넣을 생각조차 못하는 희한한 음식
도 먹을 수 있었다.

해리는 아침마다 식품판매점과 소형 시장들을 돌아다니며 물
건을 배달했다. 감자 샐러드나 피클이 담긴 크고 무거운 통들
을 그랜드 센트럴 마켓^{Grand Central Market} 혹은 필립 디 오리지널^{Philippe the Original}에 배달하곤 했다. 새로운 거래처를 뚫는 것도 그의 업
무에 속했다. 그는 호감 가는 외모에 친절한 데다 자신이 파는
물건들에 남다른 애정을 갖고 있었기 때문에 새 고객들이 쉽게
생겨났다.

하지만 다른 사람 밑에서 일해서는 많은 돈을 벌기 힘들었고
부양가족까지 있었기 때문에, 해리는 어느 시점이 되자 독립해
야겠다고 결심했다. 그런 마음을 내비치는 해리에게 나는 이렇
게 말했다.

"그래, 좋은 생각이에요! 당신이 잘할 수 있으면서 나도 도와
줄 수 있는 일을 찾아봐요!"

해리는 식품도매업을 웬만큼 잘 알았고 마침 롱비치^{Long Beach}에
있는 생닭을 판매하는 가게에 대한 정보를 얻게 되었다. 1940
년대 로스앤젤레스에서는 닭요리 식당이 큰 인기를 끌고 있었

다. 유명한 놀이공원 너츠 베리 팜^{Knott's Berry Farm}도 처음에는 닭고기 요리를 팔던 식당에서 출발했다. 그래서 우리는 '그 수많은 식당이 어디선가 닭고기를 공급받아야 할 테니, 우리가 그 일을 해보면 어떨까?' 하고 생각했다.

해리와 나는 롱비치의 생닭 판매점을 인수하기로 결정했다. 창업자이기도 한 그곳 주인은 나이 지긋하고 체구가 아담하면서 재미있는 남자였다. 그는 많은 장비를 갖춘 가게를 훌륭하게 운영하고 있었다. 생닭 판매점을 운영하기 위해서는 농장에서 날마다 살아있는 닭들을 공급받아야 했고 매일 새벽 라디오에서 농축산물 동향을 체크한 후에 파운드당 얼마를 지불할지 결정해야 했다. 우리는 가게 주인의 자그마한 트럭에 올라탄 뒤 사업운영에 필요한 여러 장소를 둘러보러 갔다. 닭을 공급받을 농장에 가서 닭들을 넉넉히 구입한 후, 가게에 새 간판을 달았다.

해리는 가게 앞에 재미나게 움직이는 닭 모양 간판을 직접 만들어서 달았다. 움직이는 닭 간판 때문에 사람들은 호기심을 참지 못하고 가게를 들어와보곤 했다. 가게에서는 신선한 생닭을 여러 식당과 개인들에게 판매했다. 고객이 값을 치를 때는 닭이 꼬꼬댁거리며 살아있었지만, 가게를 나설 때는 죽어서 잘 손질된 닭을 들고 나가는 시스템이었다.

사실 나는 닭고기를 싫어한다. 먹는 것도 질색이지만 그 녀석들과 하루 종일 시간을 보내는 것은 더더욱 싫어했다. 그런 내가 내 손으로 닭 모가지를 비틀어 죽인다는 것은 절대 상상조차 할 수 없는 일이었다. 자연히 나는 카운터를 지키며 손님들을 상대하는 일을 맡았고 해리가 그 딱한 녀석들을 죽여서 깨끗이 손질하는 힘든 일을 도맡았다.

장사는 그럭저럭 잘 되었지만 나는 별로 즐겁지가 않았다. 파닥거리는 닭을 볼 때마다 신경에 거슬렸고 죽은 닭을 보고 있노라면 왠지 마음이 짠했다. 그리고 무엇보다도 가족들이 보고 싶었다. 그때는 지금 같은 고속도로가 없었기 때문에 가족들을 만나러 로스앤젤레스까지 가려면 시간이 꽤 많이 걸렸다. 롱비치는 해군 함대가 항구에 들어올 때만 시끌벅적해졌지, 항상 나른할 만큼 조용한 동네였다. 그래서 얼마 지나지 않아 우리는 닭 장사를 접고 다시 로스앤젤레스로 돌아왔다.

그 무렵 유럽의 혼란이 점차 심각하게 악화되기 시작했다. 다행히 우리 가족과 친지들은 대부분 미국이나 남아메리카에 살고 있어서 안전했다. 미국이 전쟁에 뛰어들었을 때도 해리는 군대에 징집될까 봐 걱정하지 않아도 되었다. 이미 군복무를 하고 돌아온 덕분이었다. 그래도 해리와 내가 떨어져서 지내야 하는 시간을 피할 수는 없었다. 해리는 생계를 위해서 늘 보수가 높은 일자리를 찾으려 애썼다. 전시에 가장 보수가 높은 일은 조선소 노동이었다. 해리가 집에 오지 못하고 일터에 거주해야 할 때는 나와 몇 주씩 떨어져 지낼 수밖에 없었다.

금속기술자라는 직업을 들어봤을 것이다. 그러면 금속기술자 보조라는 직업을 들어본 적 있는가? 해리가 바로 그 금속기술자 보조 일을 했다. 공장에서 일해본 경력이 없는 해리로서는 금속기술자 보조가 조선소에서 얻을 수 있는 가장 나은 일자리였다. 해리가 맡은 임무는 커다란 강철자재를 용접하는 금속기술자의 곁을 따라다니면서, 작업에 필요한 리벳을 제공하는 일이었다. 다른 노동자가 불에 달군 리벳을 해리 쪽으로 던지면, 해리는 날아오는 뜨거운 리벳들을 양동이로 받아서 그것을 금속집게로 집어 금속기술자 바로 앞에 있는 구멍에 집어넣는 일이었다. 항상 긴장을 늦추지 않아야 하는, 무척 고되고 위험한 육체노동이었다.

나는 늘 해리가 걱정되었고 보고 싶었다. 언젠가 해리가 라스베이거스의 교량 건설 프로젝트에 참여할 때였다. 갑자기 해리가 너무 보고 싶어신 나는 아버지에게 해리가 일하는 곳까지 차로 데려다달라고 부탁했다. 그때는 휴대전화가 없었기 때문에 우리는 따로 연락할 수도 없었다. 아버지와 나는 무작정 차를 몰고 그 먼 곳을 향해 출발했다. 그런데 공교롭게 해리도 내가 보고 싶어서 로스앤젤레스로 달려오고 있었다. 우리는 도로 어딘가에서 길이 어긋나고 말았다. 나중에야 상황을 파악한 우리는 그저 웃을 수밖에 없었다. 전쟁이 끝나자 금속기술과 관련된 일자리가 많이 줄었다. 해리와 나는 예전처럼 함께 가게를 운영할 방법을 궁리했다. 그리고 나는 닭과 관련된 일은 다시는 하고 싶지 않다는 의사를 분명히 밝혔다.

일이 주는 행복

우리가 새로운 일을 찾을 무렵 아버지는 신발판매업에 종사하고 계셨고, 우리에게 신발가게를 해보라고 강력하게 권유하셨다. 해리는 물건을 파는 수완이 좋았고 나도 신발에 관심이 많았기 때문에 우리는 그 일에 뛰어들기로 결심했다. 그동안 쌓인 장사 노하우가 많았던 아버지는 우리에게 많은 것을 알려주고 싶어 하셨다. 대단히 유용한 조언도 해주셨고, 때로는 지루

한 설교를 늘어놓기도 하셨다. 하지만 우리는 우리만의 힘으로 노력해서 성공하고 싶었다. 처음에는 아버지의 과도한 관심과 간섭이 부담스럽기도 했다. 그럴 때면 우리는 그저 웃으면서 "감사합니다"라고 말했다.

해리는 독립심이 강한 타입이라 처가와 함께 사업하는 것을 원치 않았다. 이따금 한꺼번에 대량으로 신발을 떼어다가 아버지 가게와 우리 가게가 나눠 가질 때도 있었지만, 그런 특별한 경우를 제외하고는 우리 힘으로 가게를 운영하려고 애썼다. 스스로 무언가를 꾸려간다는 사실이 행복했고 자랑스러웠으며, 심지어 실수도 즐겼다. 다른 누군가가 아닌 '우리의 실수'였으니까.

우리 가게에서는 남성용, 여성용, 아동용 신발을 전부 취급했다. 신상품을 비싸게 파는 것이 아니라 전년도에 나왔던 디자인을 아주 저렴한 가격에 판매했다. 인기 연예인이 아닌 다음에야 평범한 사람들은 소위 '신상'을 신지 않아도 아무 상관없지 않은가? 그리고 정말로 마음에 드는 신발은 몇 년이고 신기 마련이다.

가게에서 손님들을 상대하는 것은 해리와 내가 가리지 않고 했지만 도매 샘플을 살펴보고 가게에 들여놓을 디자인을 고르는 일은 내 몫이었다. 해리는 힘이 들어가는 일을 맡았다. 진열대를 만들고 창고에 있는 신발을 반짝거리게 닦고 진열용 신발을 색깔별로 구분해 정리하는 일 같은 것 말이다. 또 내가 학교에서 돌아온 아이들을 돌봐야 할 때면 해리가 가게에 남아 나보다 훨씬 더 오래 일했다.

장사나 사업, 특히 소매업을 고려하고 있다면 절대 만만하게 여기고 뛰어들어서는 안 된다. 대단히 커다란 책임이 수반되는 일이어서 하루가 24시간이 아니라 26시간인 것처럼 살아야 한다. 날마다 정해진 시간에 가게를 열고 닫아야 하고, 장부와 금전등록기의 결산이 맞아떨어져야 한다. 항상 양심적이고 정중하며 정직한 태도로 손님을 대하고 그들이 원하는 것이 무엇인지 정확히 파악해야 한다.

생판 모르는 사람을 고용해서 이런저런 잡무를 맡기는 것도 좋은 방법은 아니다. 스스로 모든 것에 대한 전문가가 되어야 한다. 해리와 나는 우리 가게의 문지기이자 감독관이자 재고품 관리인이었으며 동시에 계산대 직원이자 판매 담당자였다. 9시에 출근해 5시면 땡 하고 퇴근하는 직장도 아니었다. 사람들이 신발을 사고 싶을 때 우리 가게가 열려 있어야 하므로 저녁에도 주말에도 문을 열었다. 우리에게는 항상 '가게 일'이 먼저였다. 게으르거나 꼼꼼하지 못한 사람은 장사에서 절대 성공할 수 없다.

신발 장사라고 하면 하찮은 직업이라고 비웃을 사람도 있을지 모르지만 내 경험에 의하면 무척 흥미로웠다. 우리는 손님들이 어떤 사이즈와 디자인과 색상의 신발을 좋아할지 알아내야 했고 가게 운영 비용을 아낄 방안을 찾기 위해 연구하고 또 했다. 우리와 거래하고 싶어 하는 세일즈맨들이 1년에 몇 차례씩 가게를 찾아왔고 해리와 나는 해마다 로스앤젤레스 중심가에서 열리는 대규모 신발 박람회에 가곤 했다. 우리가 잘못 판단해서 팔리지 않는 신발이 가게에 잔뜩 쌓일 때도 있었는데, 그런 신발들은 제도매로 물건을 파는 업자들에게 넘겼다.

손님 대부분은 새 신발을, 그것도 싼 가격에 갖게 된다는 사실에 행복해했다. 여자의 경우 기분 나쁜 일이 있더라도 마음에 쏙 드는 새 신발 한 켤레면 기분이 좋아진다. 남자들은 여자에 비해 덜 까다로워서 사고 싶은 스타일을 딱 정해놓고 쇼핑에 많은 시간을 쏟지 않았다. 어떤 날은 일가족이 다함께 우리 가게에 올 때도 있었다. 그럴 때는 아이에게 맞는 신발을 이것저것 신겨보기 위해서 한자리에 얌전하게 앉혀 놓으려고 애써야 했다. 그러는 동안 누군가는 다른 아이들이 가게 여기저기를 소란스럽게 뛰어다니지 못하게 달래야 했다. 나는 신발가게에 갖춰놓아야 할 대단히 중요한 물건 중 하나가 바로 막대사탕이라는 사실을 깨달았다. 아무리 말썽꾸러기 녀석이라도 달콤하고 맛있는 막대사탕 하나면 얼마든지 얌전하게 만들 수 있으니까. 모든 장사가 그렇듯 우리 가게에도 뜨내기 손님이 있었다. 어떤 손님은 예의바르고 상대하기 수월했지만, 간혹 들어올 때보다 나갈 때가 더 반가운 손님도 있었다.

우리 가게에 오는 손님들은 똑똑한 소비자였다. 요령 있게 쇼핑할 줄 아는 사람들이었다는 이야기다. 백화점에서 신발을 살 수도 있었지만 그들은 우리 가게에 와서 65달러짜리 신발을 24달러 또는 18달러에 사고 만족스러운 기분으로 문을 나섰다. 우리는 24달러 95센트, 18달러 95센트 하는 식으로 가격을 매기곤 했다. 손님들 입장에서 만족스러우면서도 수지가 맞는 가격이어야 했다. 어떤 손님들은 단골이 되었고 백화점에서 예쁜 신발을 점찍어 두었다가 우리 가게에 와서 사가는 손님도 있었다. 우리는 그들을 만족시키기 위해 항상 질 좋은 최신 제품을 들여놓으려고 노력했다.

장사에 관한 한 내 지론은 '노력한 만큼 돌아온다'는 것이다. 짜증나는 기분으로 하루를 시작하면 그날은 십중팔구 손님을 불쾌하게 만든다. 그러면 그 손님은 나에게 또 다른 짜증거리를 제공하기 마련이다. 그래서 나는 항상 손님을 즐겁게 해주려고 노력했다. 내가 그들에게 즐거움을 주면, 그들도 내게 웃음을 안겨주었다.

나는 손님에게 항상 정중하게 대했고 수많은 가게 중에 우리 가게를 찾아와준 것에 고마워했다. 손님에게 정말 필요한 제품을 추천하려고 애썼지, 빨리 없애야 하는 재고를 팔아치우려고 하지 않았다. 또 항상 말을 조심했다. 행여 손님이 불쾌하게 느끼거나 거슬릴지 모르는 표현을 삼가려고 노력했다. 내가 무심코 한 말을 손님이 어떻게 받아들일지는 아무도 모르니까 말이다. 그리고 늘 상냥한 태도로 대하려고 애썼고 따뜻한 미소와 진심 어린 말이 긍정적인 효과를 발휘한다는 사실도 깨달았다. 모든 손님과의 관계가 즐겁지는 않았지만 대부분은 즐거웠나.

해리와 나는 그렇게 함께 일하며 열심히 살았다. 첫 손자가 태어날 무렵까지 우리는 그 일을 계속했다. 하루 종일 서로의 얼굴을 보며 일할 수 있다는 것이 얼마나 좋았는지 모른다. 어떤 부부들은 온종일 같이 있는 생활을 불편해했지만 해리와 나는 떨어져 지내는 것이 못 견디게 싫었다. 단 몇 시간이라도 말이다. 우리에게 그 조그만 신발가게는 또 하나의 집이나 마찬가지였고, 고객은 집에 오는 손님이나 다름없었다. 고객이 올 때는 기뻤고 장사가 잘 되지 않을 때는 가게 한쪽에서 해리와 껴안고 시간을 보내는 것도 즐거웠다. 비록 금전등록기 안은 꽉 채워지지 않았지만, 우리는 스스로 잘하고 있다는 자부심으로 행복했

다. 우리가 신발가게를 접고 한참 지난 후, 신발장 제일 꼭대기
에 보관해놓았던 오래된 신발 몇 종류는 수집가치가 있는 귀한
물건이 되었다. 영화 〈그리스^{Grease}〉에 나오는 유쾌한 십 대들이
신고 있던 신발이 바로 내가 갖고 있던 새들 슈즈^{saddle shoes}이다!

　일을 할 수 있다는 것은 행운이다. 일은 살기 위해 억지로 해
야 하는 것이 아니라 특별히 누리는 권리라고 여겨야 한다. 어
떤 일이든 돈을 얼마나 버는 일이든 상관없다. 스스로 존중하
며 자기 일에 자부심을 갖는 사람은 세상 그 어떤 갑부보다 행
복할 수 있다. 늘 긍정적인 관점으로 일을 대하면 행운은 자연
히 따라온다.

새로운 모험

페이라는 친구와 실내 장식 사업을 잠깐 한 적이 있다. 페이와
나는 사업을 시작할 수 있을 만큼 여유 시간이 있는 주부였다.
아이들은 학교에 다녔고 남편들도 각자 직업이 있었다. 신발가
게도 자리를 잡았고 매출도 괜찮은 편이라, 직원들을 고용해서

내가 하던 일을 맡길 수 있었다.

실내 장식 사업은 내 능력을 마음껏 펼칠 수 있는 기회였다. 내가 하고 싶어 했으므로 해리도 기꺼이 응원해주었다. 페이와 나는 할리우드의 골동품가게와 가구점에서 물건들을 사다가 마진을 붙여 판매하기로 했다. 우리는 실내 장식 전문 잡지를 찾아 읽었고 여러 가게를 직접 돌아다니며 구경하면서 마음에 드는 가구와 그렇지 않은 가구 디자인에 대해 많은 이야기를 나누었다. 마음에 쏙 드는 물건을 찾으면 그것은 우리에게나 고객에게나 행운이었다.

우리는 물건들을 구입할 때가 가장 즐거웠다. 하지만 파는 것은 또 다른 문제였다. 사업을 시작하는 사람들이 흔히 하는 커다란 착각 중 하나는, 가지고 있는 물건이 자기 눈에 근사해 보이니까 당연히 잘 팔릴 것이라고 생각한다는 점이다. 그러나 그것은 착각이다. 일단 고객층을 만들려면 적지 않은 노력을 기울여야만 한다. 또 고객이 사고 싶은 마음이 들었다고 해도 최종적으로 지갑을 여는 것은 또 다른 문제이다.

페이와 나는 사업기반을 다지려면 우선 우리들의 집을 근사하게 꾸밀 필요가 있다고 판단했다. 실내 장식 전문가라면 자기 집부터 세련되어야 하지 않겠는가? 친구나 지인 등 잠재 고객을 집으로 데려와 보여주고 이야기를 나누며 원하는 스타일을 파악하는 것도 효과적이었다. 집에 온 사람들에게 "예쁘지 않아요? 전부 제가 직접 꾸몄답니다"라고 이야기한다. 그리고 가장 중요한 말은 이것이다. "도매가로 해드릴 수 있어요." 우리는 매출에 연연하지 않고 취미 삼아 했기 때문에, 가격 때문에 친구나 지인과 불편한 일이 생기는 경우는 없었다.

친구와 동업을 하면 전에는 몰랐던 점들을 알게 된다. 페이와 나는 원래 친했던 사이라 깜짝 놀랄 만큼 새로운 점을 발견하지는 않았지만 한 가지 새로 알게 된 점이 있었다. 바로 페이보다 내가 사업에 더 잘 맞는다는 사실이었다. 페이의 남편은 의류 생산업을 했기 때문에 페이는 소매업을 경험해본 적이 없었다. 나는 장부 정리나 물건 진열, 기본적인 손님 응대에 익숙한 편이었다. 그리고 사람들이 앞다퉈 갖고 싶어 할 만한 근사한 아이템을 고르는 안목도 있었다.
페이는 더 많은 부분을 내가 처리해도 싫어하지 않았다. 만일 크게 성공해서 사업이 확장됐더라면 내가 오히려 그 점을 마뜩찮게 생각했을지도 모른다. 하지만 우리는 고객이 별로 많지 않았기 때문에 그런 문제로 갈등을 겪지는 않았다. 나중에 우리는 사업을 정리하고 지분을 적당히 나누어가졌다. 떼돈을 벌거나 유명해지지는 못했지만 우정에는 변함이 없었기 때문에,

우리의 모험은 성공적인 것이었다고 생각한다.

모든 사업에서 눈부신 성공을 거두고 커다란 성취감을 느끼며 매번 통장 잔고가 넘칠 만큼 높은 수익을 올린다면 얼마나 좋을까? 누구나 그런 성공을 꿈꾸지만 똑똑한 사람도 쓰디쓴 실패를 맛본다. 좋은 아이디어가 적시에 우리 앞에 나타나지도 않을뿐더러 때로는 어리석은 아이디어를 최고의 아이디어라고 착각하는 우를 범하기도 한다.

세상에 일어나는 일을 우리 마음대로 어찌할 수는 없지만, 세상을 대하는 우리의 관점은 얼마든지 바꿀 수 있다. 직업이나 사업이 내리막길로 접어들었을 때 역경의 시기와 경제적 시련을 헤쳐나갈 수 있는 올바른 태도와 마음가짐을 갖는 것이 중요하다.

힘든 시기를 극복하기 위해 중요한 것은 그 시기가 닥치기 '전에' 낭비하지 않고 분수에 맞는 생활을 하는 것이다. 우리 가족은 항상 사치와는 거리가 먼 생활을 했다. 필요하다고 느끼는 것이 그리 많지 않았고 적은 것에 만족했기 때문에, 더 갖지 못해 불평하고 낙담할 일도 없었다. 그 대신 영양가 높고 맛있는 식사에 드는 돈은 아까워하지 않았다. 식구들이 잘 먹는 것은 무엇보다 중요했다.

결혼할 당시에 우리는 가진 돈이 별로 없었다. 그러니 자연히 눈높이도 높지 않았다. 함께 있는 것만이 중요했고 우리가 익숙한 것 이상의 호화로운 삶을 바라지 않았다. 우리는 젊었고 서로 사랑했으며 우리 힘으로 생활을 잘 꾸려나갔다. 물론 쉽지 않았지만 그렇다고 어렵지도 않았다. 경솔한 행동을 하지 않았고 우리가 나아갈 방향을 생각하고 현재 위치를 늘 되새기며 걸어갔다.

신혼 시절에 고기를 살 돈이 없으면 나는 특별한 찜요리를 만들어 촛불로 장식한 식탁 위에 차리곤 했다. 특별한 날인 것 같은 기분을 마음껏 냈고 해리도 무척 좋아했다. 모든 것은 마음가짐에 달려 있다. 우리는 가진 것보다 더 많은 것을 탐하는 욕심을 갖지 않았기에 늘 만족하며 살 수 있었다. 물론 수입의 범위 내에서 검약하며 사는 것이 흥미진진할 수는 없겠지만, 분수에서 벗어난 생활은 거품에 불과할 뿐이다.

우리는 형편을 벗어나는 일은 하지 않으려 노력했다. 가급적이면 남에게 돈을 빌리지 않았고, 타인의 삶과 우리 삶을 비교

하면서 괜한 자괴감을 느끼지도 않았다. 경제적인 부는 아무것
도 아니다. 마음으로 느끼는 행복이 제일 중요하다. 결혼 전에
해리는 나에게 작고 소박한 반지를 건넸다. 해리가 내게 끼워
준 반지 하나면 충분하지 않겠는가?

둘이 함께 살아도 혼자일 때만큼 적은 비용으로, 아니 더 알뜰
하게 살 수 있다. 빵 한 덩어리도 둘이서 얼마든지 나눠먹을 수
있고 때로는 아껴둘 수도 있다. 또 둘이서 한 침대에서 잘 수
있는데 방 세 개짜리 집이 왜 필요한가? 해리가 주급 27달러를
받을 때 나는 그 돈에 맞추어 생활비 예산을 짰지, 그가 더 많
은 돈을 벌어오길 바라며 불평하지 않았다. 해리가 바깥에서
얼마를 벌어오든 내게는 그것으로 충분했다. 27달러라고 하면
"고작 그거?"라고 할 사람도 있을지 모르지만 우리에게는 절대
무시하지 못할 금액이었다. 우리는 그 돈으로 알뜰하고 만족스
럽게 생활하면서 어려운 때를 대비해 저축도 조금씩 했다. 또
당시에는 병원비를 현금으로 지불해야 했는데, 아이가 생기면
병원비가 들 것을 대비해야겠다는 생각이 들어서 1달러짜리 은
화가 생길 때마다 쓰지 않고 모았다.

해리는 가계예산 책정을 전적으로 나에게 맡겼다. 그것은 아주
옳은 결정이었다. 부부가 모두 가계에 관여하면 혼란스러워질
수 있기 때문이다. 나는 구두쇠는 아니었지만 내가 맡은 역할에

최대한 충실하고자 애썼다. 당시 사람들은 요즘 같은 컴퓨터나 신용카드는 없었지만 요즘 사람들과 똑같은 문제와 고민거리를 안고 살았다. 어떤 집은 부부 사이의 충돌 없이 지혜롭게 살림을 꾸려갔고 어떤 집은 그렇지 못했다. 해리와 나는 집안 경제가 잡음 없이 매끄럽게 돌아가게 만드는 나름의 요령을 터득했다.

경제적으로 힘든 시기를 헤쳐나가려면 '솔직함'이 필요하다. 부부가 지출내역에 대해 솔직하게 이야기하는 것은 튼튼한 안전망을 만드는 첫걸음이다. 어떤 집이든 평온한 시기에 재정적 안전망을 만들어놓아야만 힘든 시기가 닥쳤을 때 무사히 지나갈 수 있다. 돈 문제와 관련해 배우자에게 비밀이 있다면 솔직하게 털어놓길 바란다. 그런 비밀이 있다면 당연히 겁이 날 것이다. 문제를 많이 감추면 감출수록 계속 더 커지기만 한다. 남편 모르게 숨겨놓는 백화점 영수증이나 갚아야 할 돈이 있다면 솔직하게 털어놓고 해결책을 '함께' 세워보자. 장담하건대 절대 후회하지 않을 것이다. 막상 솔직하게 털어놓고 나면 희한하게 별것 아니다. 혼자 끙끙 앓아 쌓인 스트레스가 날아가 속 시원할 것이다.

해리와 나는 대공황 시절에 결혼했기 때문에 검약하는 방법을 따로 배울 필요가 없었다. 굳이 누가 가르쳐주지 않아도 자연스럽게 그런 생활을 할 수밖에 없었다. 오히려 경제적인 여유가 생겼을 때 자신을 위해 돈을 어느 정도 써도 된다는 사실을 서로에게 가르쳐줘야 했다.

우리는 가게를 운영하면서 대체로 운이 좋은 편이었지만, 살얼음판을 걷듯 위태로운 시기도 있었다. 그때 스트레스에 시달리지 않았다고 하면 거짓말이다. 미래는 아무도 알 수 없으므로 힘든 상황이 지속될지도 모르고, 어쩌면 더 나빠질지 모른다는 불안감이 엄습했었다. 우리는 경제불황도 여러 차례 겪었고 우리 집만의 상황으로 재정적 위기도 여러 번 경험했다. 그때마다 무사히 극복할 수 있었던 것은 우리가 반드시 지킨 원칙이 있었기 때문이다. 우리는 두려움이나 걱정이나 불만을 상대방에게 화풀이 형태로 쏟아놓은 적이 없었다. 내가 신발의 디자인과 사이즈를 잘못 판단해서 주문하는 바람에 재고가 잔뜩 쌓여도 해리는 웃으며 말했다.

"잘힐 때도 있고 못할 때도 있는 거지. 바바라, 당신이 손님들보다 조금 더 눈이 높은 것뿐이야."

실수해도 타박하지 않는 해리 덕분에 나는 늘 자신심을 가지고 일을 해나갈 수 있었다. 해리가 고용한 발쑥한 용모의 직원이 계산대의 현금을 몽땅 들고 사라져버렸을 때, 나 역시 해리를 닷하지 않고 그의 마음을 달래주려 애썼다.

실수를 두려워할 필요는 없다. 실수는 우리가 더 단단하게 성장하도록 도와준다. 사람은 누구나 실수를 한다. 때로는 실수 때문에 금전적 대가를 치르기도 한다. 하지만 그것이 어떻단 말인가? 실수하겠다고 마음먹고 일을 시작하는 사람은 없다. 같은 실수를 반복하지 않는 한 누구에게나 두 번째 기회를 줄 필요는 있다. 두 번째로 충분하지 않다면 세 번째, 네 번째 기회 까지도 말이다.

사람들은 흔히 용서의 힘을 과소평가하는데, 실은 건강한 결혼생활에서 대단히 중요하다. 73년의 결혼생활 동안 해리와 나는 서로의 어떤 행동을 마음속에 꽁하고 담아둔 채 상대방을 원망했던 일이 단 한 번도 없었다. 그것은 우리가 서로에 대해 건강하고 현명한 태도를 지니고 있었다는 뜻이다. 해리와 나는 힘든 시기가 닥치면 오히려 말을 아꼈다. 그저 잠깐 눈을 붙이고 평소보다 더 열심히 일하고 다음 날 새로운 태양이 떠오르길 소망했다. 그리고 대개는 정말로 그랬다.

나는 우리 아이들에게 이렇게 말하곤 했다.

"가난한 사람과 사랑에 빠질 수도, 부자와 사랑에 빠질 수도 있단다. 그건 모르는 일이야. 하지만 일단 누군가를 사랑하게 되면 그 사람을 있는 그대로 사랑해야 해."

그 사람이 당신 모습 그대로를 사랑해야 하듯이 말이다. 결혼식 서약은 부부의 신성한 의무이지, 필요에 따라 인용하는 미사여구가 아니다.

고난을 만났을 때 그 고난이 인생에 어떤 영향을 미치는가는 자신에게 달려 있다. 시련 앞에서 무릎 꿇고 주저앉을지 말지는 전적으로 우리가 결정한다. 가난하다고 해서 세상이 다 끝난 것처럼 기죽을 필요는 없다. 상상만으로도 얼마든지 왕이나 왕비처럼 살 수 있다. 상상력과 긍정적 태도가 없는 사람이 진짜 가난한 사람이다. 경제적으로 부족해도 몸이 건강하다면 건강을 잃지 않았다는 사실에 감사하자. 돈도 없고 건강상태도 별로 좋지 않다면, 아직 유머감각을 잃지 않았다는 사실에 감사하자. 유머감각마저 없다면 어떻게든 키워보려고 노력해보자.

웃음과 유머감각은 선택사항이 아니다. 나는 삶의 무게가 힘겹게 느껴질 때면 그저 한 번씩 웃고 다시 일어설 힘을 얻곤 했다. 나는 세상에 웃음을 이길 만큼 큰 고난은 없다고 믿는다. 바보 같은 소리로 들리는가? 하지만 이 순진하고 바보 같은 나는 얼굴의 미소와 마음속의 희망을 항상 잃지 않고 살았기에 힘겹고 쓰디쓴 시간들도 너끈히 이겨낼 수 있었다.

해리는 직업의 선택에서 무엇을 기대해야 하는지를 잘 알았다. 학력이 별로 높지 않았던 해리는 자신이 성취할 수 있는 것에 한계가 있음을 인식하고 있었다. 따라서 필요하다면 고된 일도 마다하지 않았고 노력에 상응하는 보수를 받을 자격이 있다고 생각했다. 결혼 후 해리는 지시를 받는 직업을 벗어나야겠다고 판단했다. 그는 남의 밑에서 시키는 일만 하면서 사는 것에 만족하는 타입이 아니었다. 나는 해리가 독립하고 싶다고 했을 때 반대하지 않았다. 오히려 그에게 가장 적합한 일이 무엇인지 함께 궁리하고 고민했다. 그리고 나중에는 나도 작업복을 입고 그의 옆에서 최선을 다해 일했다.

우리가 바라는 것은 소박했다. 아이들을 키우고 적당히 잘 먹고 차를 몰고 은행에 웬만큼 저축할 수 있는 평범한 중산층 가정이면 충분했다. 물론 아이들을 학교에도 보낼 수 있어야 했다. 실제로 우리는 그 모든 것을 할 수 있었다. 남에게 손을 벌리거나 가족들에게 도움을 청할 필요가 없었다는 것이 나로서는 꽤 자랑스러웠다. 우리 집 형편은 해가 바뀔수록 조금씩 나아졌고 우리 힘만으로 해나갈 수 있어서 뿌듯했다.

가진 것 없이 시작했지만 열심히 노력해서 결국 집과 보트까지 갖게 되었다는 사실을 생각해보면 조금 묘한 기분이 든다. 그것이 소위 말하는 '아메리칸 드림'이 아니던가. 우리는 그 꿈을 이루었다. 솔직히 그 당시는 땀을 흘린 만큼 돌아오는 것이 있던 시절이었다. 요즘은 세상이 다소 달라진 것 같다. 물론 행복해지기 위해서 꼭 집이나 보트가 있어야만 하는 것은 아니다. 부부 두 사람이 아픈 데 없이 건강하기만 하다면 얼마든지 멋진 삶을 일궈나갈 수 있다. 그리고 만일 우리가 누렸던 그 기회들이 없었다 해도 아마 우리는 또 다른 방식으로 만족할 수 있는 방법을 찾았을 것이다.

나는 해리를 진심으로 도와주고 응원하고 싶다면 그에게 "안 돼"라는 말을 하지 말자고 일찌감치 다짐했었다. 온화한 성격이었던 해리는 나에게 무리하게 요구한 적이 없었다. 그런 해리가 무언가를 하고 싶다거나 무엇이 필요하다고 말하면 나는 마치 명령처럼 받아들였다. 복종하는 하인 같은 태도가 아니라 사랑하는 마음으로 말이다. 즉 해리가 원하는 일은 내가 '해야 할 목록'의 제일 첫 번째 자리에 놓였다.

해리는 바다를 매우 사랑하는 남자였다. 경제적 여유가 조금 생겼을 때 그가 가장 먼저 하고 싶어 한 일은 보트를 장만하는 것이었다. 해리가 행복할 수 있다면 나 역시도 행복했다. 또 역으로 해리 역시 언제나 나에게 너그러웠다. 나도 때로는 고집을 피우거나 화를 내기도 했지만, 해리는 내가 원하는 것이라면 무엇이든 하게 해주었다. 그런 남편을 둔 나는 행복했다. 말도 안 되는 계획을 늘어놓아도 배우자가 응원해줄 거라는 확신이 든 다면, 당신은 결혼을 잘한 것이다.

해리는 자신이 꼭 성공할 수 있다고 믿었다. 그가 자신감을 가 질 수 있었던 이유 중 하나는 내가 그의 능력에 물음표를 던진 적이 없었기 때문이다. 나는 해리가 출근할 때마다 그를 꼭 안 아주고 키스하면서 멋진 남자라고 말했다. 나중에 함께 가게를 운영했을 때도 애정표현은 우리의 일상이었다.

서로 진심으로 아끼고 사랑하는 마음. 그것은 인생이라는 험 한 산을 한결 수월하게 오르게 해주는 든든한 지팡이가 된다. 우리 부부에게는 감당 못할 걱정거리가 없었다. 단지 함께 부 딪히며 헤쳐나가야 할 이런저런 과제들이 있을 뿐이었다. 그리 고 문제를 해결했을 때 그 성공은 어느 누구의 것이 아닌 해리 와 나, 우리의 것이었다. 배우자가 확실한 지원군이라는 사실을 아는 사람은 그 누구보다 꿈을 향해 자신 있게 나아갈 수 있다. 사랑하는 사람을 곁에서 끊임없이 응원해주자. 그럼 곧 그 사 람은 반짝반짝 빛날 것이다.

돈이란 어쨌거나 있으면 좋은 것이다. 하지만 당신이 돈의 주인이 되어야지 돈이 당신의 주인이 되어서는 곤란하다. 살아가는 데 돈이 중요하기는 하지만 '가장 중요'하지는 않다. 필요 이상으로 돈을 떠받드는 것은 어리석은 일이다. 어느 부부나 돈 문제 때문에 말다툼을 할 것이다. 돈 없이는 가정이나 사업을 꾸려나갈 수 없다. 돈이 자신에게 어떤 의미를 갖는지, 돈이라는 물건을 어떻게 대해야 하는지 관점을 정해두면 가정이든 사업이든 순조롭게 운영할 수 있다.

돈을 바닷가의 파도라고 생각해보자. 집안 경제가 별 문제없이 돌아간다면 첫 번째 파도는 기본적인 의식주를 해결할 수 있을 만큼 높이가 올라갈 것이다. 비바람을 피할 집을 마련하고 적당한 음식을 먹고 깨끗한 옷을 입고 가스와 전기 비용을 내고 출퇴근 교통비를 해결할 수 있을 만큼 말이다. 한마디로 일상생활을 하는 데 걱정하지 않을 수 있는 최소한의 수준이다.

두 번째 파도는 안락한 여유를 누릴 수 있도록 메우는 돈이다. 만일의 경우를 대비해 따로 모아놓고 자녀의 교육비나 은퇴 후 자금, 기념일에 남편에게 근사한 시계를 선물하거나 본인이 입을 예쁜 코트를 사거나 외식을 하고 여행을 가고 자선

단체에 기부를 하는 것 등등 생존에 필수적이지는 않지만 적지 않은 만족을 얻을 수 있는 지출용 돈이다.

그럴 만한 여유가 있다면 돈은 삶을 즐기는 데도 써야 한다. 나는 즐길 줄 아는 사람이 밤낮 일에만 빠져 지내는 사람보다 인생을 더 잘 산다고 생각한다. 그러나 풍족하게 쓸 돈이 있더라도 값비싼 물건을 충동적으로 사는 것은 좋지 않다. 사고 싶은 비싼 물건이 있거든 잠시 한 발짝 물러서서 생각해보자. 사실 갖고 싶은 물건은 막상 가졌을 때보다 머릿속으로 상상할 때 더 신이 난다. 꼭 사야겠다면 여러 곳에서 가격을 비교해보고 구입하는 편이 현명하다.

파도가 잦아들거나 썰물처럼 바닷물이 빠져나가 버리면 지출과 예산을 현명하게 관리해야 한다. 가스 요금이 밀려 있는 마당에 비싼 장신구를 사야 되겠는가. 합리적이고 지혜롭게 돈을 다룰 줄 모르면, 당장은 몰라도 조만간 균열이 생기기 시작할 것이다. 버는 것보다 더 많이 쓰는 사람이라면, 치료가 필요한 심리적 문제가 있는 것이다. 내 청구서나 카드대금을 대신 내줄 사람은 세상에 아무도 없다. 그러니 돈은 지혜롭게 쓰고 현명하게 관리해야 한다.

고가의 물건을 사들이면서 만족감을 느끼는 사람도 있다. 그런 사람은 만족감을 느낄 다른 통로나 방법을 찾는 것이 바람직하다. 자신이 왜 그렇게 행동하는지 이유를 인식하기만 해도 자제력을 되찾는 데 도움이 된다. 나는 내가 현명하게 지출을 통제하고 있다는 사실을 알았을 때가 충동구매를 하면서 짜릿한 기분을 느낄 때보다 더 만족스러웠다.

어떤 사람들은 돈으로 사랑을 살 수 있다고 생각한다. 그러나 사랑이란 결코 돈으로 살 수 없다. 돈과 사랑을 맞바꿀 수 있다고 믿는 것만큼 어리석은 생각은 없다. 마음에서 우러나오는 사랑으로 관계를 맺을 줄 모르는 사람들이나 사랑을 사고팔려는 법이다. 얼굴에 눈부시게 쏟아지는 따사로운 봄 햇살, 아이들의 해맑은 웃음소리, 각양각색의 아름다운 꽃들, 기분 좋은 바다 냄새…. 이런 것들은 나를 행복하게 해주지만 전혀 돈이 들지 않는다. 숨 쉬며 살아가는 매순간 우리는 얼마든지 행복을 찾을 수 있다. 반드시 돈을 써야 행복한 것은 아니다. 행복은 당신의 관점에 딸려 있다.

요즘은 반드시 남자만 나가서 돈을 벌어오지 않는다. 설령 맞벌이 부부라 할지라도 남자와 여자가 똑같은 보수를 받는 경우는 드물다. 오래 전부터 여자들은 남자와 같은 일을 하고도 더 적은 보수를 받았으며 남자에 비해 높은 자리에 올라가거나 성공하기가 어려웠다. 이런 상황에서는 여자들이 불만을 가질 수밖에 없다. 여성을 고용함으로써 인건비를 절약하는 여성 고용주만 제외하고 말이다. 한편 아내가 남편보다 더 수입이 높아서 남편이 은근히 스트레스를 받는 경우도 있다.

집집마다 상황은 제각각이겠지만 일과 돈 문제가 가족들에게 커다란 스트레스 요인이라는 사실만은 확실하다. 그럼에도 항상 두 사람이 '한 팀'이라는 사실을 명심하자. 누군가 돈을 잘 벌면 결국은 두 사람 모두에게 좋은 일이다. 어느 쪽에서 벌어들이든 가계의 수입이 아닌가. 남편이(또는 아내 쪽이라도 물론!) 더 높은 수입을 올릴 수 있다면 거기에 불만을 갖지 말자. 배우자가 벌어오는 봉급은 그 사람만의 것이 아니라 부부 공동의 것이자 가족 모두의 것이다. 부부 중 어느 한쪽이 더 잘 번다고 해서 집안을 휘두르는 두목행세를 해서도 안 된다. 그런 태도는 부부의 갈등과 가정의 불화만 증폭시킨다. 해리는 "이건 내 거야"라고 말한 적이 없었다. 항상 "우리", "우리 것"이란 표현을 썼고 나역시 마찬가지였다. 만약 돈이라는 녀석을 우리 삶에서 중요한 것으로 여겼다면 우리는 그렇게 행복할 수 없었을 것이다.

우리 부부는 돈 많은 사람을 주변에서 자주 목격했지만 돈뿐만 아니라 똑똑하고 훌륭한 인품도 갖춘 경우에만 그들을 존경했다. 돈 자체는 내게 아무런 감흥도 인상도 주지 못했다. 어떻게 돈을 버느냐 그리고 번 돈을 어떻게 쓰느냐가 훨씬 더 중요했다. 당신이 돈을 주제로 이야기를 나누고 싶다며 나를 찾아오면 기꺼이 응할 용의가 있지만, 만일 가진 재산을 자랑하고 싶어 한다면 나는 주저 없이 자리에서 일어나 버릴 것이다. 사랑은 사랑이고 돈은 돈이다. 그 둘을 맞바꿀 수 있다는 생각은 큰 착각이다. 그런 생각을 가진 사람이라면 그 '위험한 착각'에서 깨어나야만 진짜 사랑을 할 수 있다.

성공하고 있을 때 조심해야 할 것들

일이 생각대로 잘 풀리지 않아 답답할 때면 사람들은 흔히 이렇게 말한다. "이 문제만 해결되고 나면 훨씬 기분이 나아질 거야."

부정적인 감정에는 묘한 측면이 있어서 전혀 예상치 못한 방식으로 우리를 휘두른다. 부족한 것 없이 만반의 준비가 갖추어진 상태로 모든 것이 당신 뜻대로 흘러갈 때조차도 마음 한쪽에서 불만과 우울감이 불쑥불쑥 치솟는다면 당신은 부정적 심성의 묘한 마법에 빠져 있는 것이다. 큰 성공을 거두어 부자가 되었다고 해서 황금 빗자루를 든 천사가 나타나 모든 문제를 말끔히 해결해주는 것은 아니다. 모든 일에는 시간이 걸리는 법이며 실패뿐만 아니라 성공에도 많은 숙제가 따르기 마련이다.

삶에는 이런저런 불행이 섞여 있기 마련인데 불행이 반드시 자신이 마주한 현실과 상관있지도 않다. 객관적으로 봤을 때 만사가 순조롭게 풀리는 상황인데도 이상하게 마음이 울적할 때가 있지 않은가. 그런 울적함에 대처하는 방법은 실패 때문에 우울한 경우와 다르지 않다. 필요하다면 누군가에게 도움을 요청해야 한다. 괜한 화풀이로 가까운 사람들을 닦달해서는 안 된다.

나 역시 친한 친구들에게 솔직하게 속마음을 털어놓은 적이 여러 번 있었다. 마음속의 불만이나 좌절감을 표현하는 것은 부끄러운 일이 아니다. 나는 단지 내 기분을 풀 방법을 찾고 우리 집을 더 행복한 공간으로 만들고 싶었을 뿐이며, 그런 측면에서는 그런대로 효과를 보았다고 생각한다.

성공하고 있을 때 조심해야 할 또 한 가지는 자만심이다. 행운이란 그것을 받아들이는 사람의 태도에 따라 진정한 행운이 될 수도 그렇지 않을 수도 있다. 그러니 성공을 자랑하며 으스대는 것은 어리석은 짓이다. 특히 성공하지 못한 사람 앞에서는 더더욱 입조심해야 한다. 돈이 많다고 과시하고 허세를 부리며 가진 것을 함부로 탕진하지 말자. 분명 언젠가는 후회하게 될 것이다. 또 성공했다고 해서 오랜 친구들에게서 등을 돌리는 우를 범해서는 안 된다. 보석 같은 좋은 친구를 만나기란 결코 쉬운 일이 아니다. 소위 '대박'을 터뜨려 돈방석에 앉더라도 분별력을 유지하고 원래의 모습을 잃지 않으려고 노력해야 한다. 조금 더 편하게 잠을 자고 사랑하는 사람들과 자선단체에 더 많이 베풀고 자신에게 작은 호사를 허락하는 정도가 좋다.

　무엇보다 성공과 관련하여 중요한 사실은 타인의 호주머니에서 빼앗아 거둔 성공은 아무런 가치가 없다는 사실이다. 남에게 피해를 주거나 남의 권리를 침해하지 않고 조금 느리더라도 한 걸음씩 꾸준히 나이기먼시 거두는 결과물이 바로 성공이다. 경제가 늪과 같은 불황에 빠져 있어 희망의 빛이 보이지 않는가? 과거에도 늘 불황은 있었다. 하지만 결국은 다시 회복되기 마련이다. 당신이 바꿀 수 없는 경제흐름을 붙잡고 싸우려 애쓰지 말자. 역사를 들여다보며 힘든 시기를 이겨낸 사람들로부터 지혜를 배우는 편이 더 낫다.
　나는 살면서 큰돈을 벌게 되더라도 그 부가 자신이 걷고 있는 궤도를 바꿔놓아서는 안 된다고 생각한다. 돈이 좀 생겼다고 생활방식과 가치관과 본인의 모습을 송두리째 바꿔야 하는 것은 아니다. 그렇게 하루아침에 바꾼나면, 지금까지 헛살았다고 인정하는 셈이 된다. 통장에 들어 있는 돈이 얼마가 됐든 당신은 딩신이 좋아하는 삶을 살아야 한다.

그리고 자신의 본 모습을 망가뜨리지 않도록 애씀과 동시에, 배우자에게서도 시선을 떼지 말아야 한다. 배우자는 당신이 분별력을 잃지 않도록 도와줄 수 있고 당신 역시 배우자에게 그런 존재여야 한다. 언젠가 한번은 해리가 꽤 짭짤한 비즈니스 거래를 하고서는 어깨에 잔뜩 힘이 들어가서 우쭐거린 적이 있었다. 해리답지 않은 그 모습이 나는 무척 못마땅했다. 나도 처음에는 내 기분이 왜 좋지 않은지 이해가 잘 가지 않았다.

상황을 설명하자면 이렇다. 해리가 신발가게 운영에 필요한 면적보다 훨씬 넓은 점포 하나를 임차했다. 그런데 한 은행에서 그 점포의 상당 부분을 전차 하고 싶어 했다. 은행 측에서 우리가 매달 건물주에게 줘야 하는 임대료보다 훨씬 많은 금액을 기꺼이 내겠다는 것이었다. 그러니 해리가 의기양양한 것도 당연했다. 그뿐만이 아니었다. 은행이 전차할 공간을 제외하고도 우리가 다른 사업체에 전대 할 수 있는 공간이 더 있었다. 우리가 그런 뜻밖의 행운을 잡을 수 있었던 것은 다 해리의 수완 덕분이었다.

하지만 나는 거래성사로 우쭐해하는 해리의 모습이 보기 싫었다. 그래서 해리를 앞에 앉혀놓고 우리가 아무것도 가진 것 없이 출발했었다는 사실을, 우리가 원래 얼마나 소박한 사람들인가를 상기시켜주었다. 그리고 차분하게 덧붙였다. 그만한 돈을 기꺼이 내겠다는 은행이 나타난 것은 큰 행운이지만 그것은 어디까지나 은행의 결정 덕분이지 해리의 결정 덕분이 아니라고 말이다. 그 은행이 아니었더라면 우리는 필요 이상으로 넓은 점포를 유지하면서 이런저런 불필요한 비용을 감당해야 했을 수도 있었다.

당연히 나도 해리가 만족감을 느끼며 기분 좋아하는 모습이 좋았다. 그러나 나는 그가 결혼할 때의 모습, 겸손하고 온화한 남자였던 그 모습을 잃지 않길 바랐다. 뜻밖의 수익을 얻을 수 있었던 것은 꼭 해리의 행동 때문만이 아니라 행운과 신의 뜻 덕분이기도 하다는 사실을 그가 깨닫길 바랐다.

현실적인 분별력을 가진 사람은 통장의 잔고와 상관없이 행복해질 수 있으며 세상 그 어떤 갑부보다도 부자다. 행복은 바깥에서 찾는 것이 아니다. 진정한 행복은 내면에서 나온다. 진부한 얘기처럼 들리겠지만 내 말을 잊지 말길 바란다. 자신의 삶을 되돌아보았을 때 한 인간으로, 누군가의 배우자로, 누군가의 부모로, 또 지역 사회의 일원으로 훌륭하게 제몫을 하고 있다는 뿌듯함이 느껴지면 세상에서 가장 행복한 부자이다. 이상하게 들리는가? 그래두 좋다. 믿지는 셈 치고 진부한 조언을 한 번 믿어보라. 썩 나쁘지는 않을 것이다.

6장

갈등을 해결하는 방법에 따라 삶은 달라진다

고난을 만났을 때 그 고난이 초래할 결과는 누구도 예측할 수 없다.

다만, 시련 앞에서 주저앉을 것인지 이겨낼 것인지의

선택이 있을 뿐이다.

사람들은 해리와 내가 73년 동안이나 행복하게 살았으니 결혼생활이 쉬웠을 것이라고 생각한다. 아름다운 목장에서 풀을 뜯는 한 쌍의 소처럼 항상 만족스럽고 평화롭기만 했을 것이라고 말이다. 환상을 깨트려서 미안하지만 우리의 결혼생활도 쉽지만은 않았다. 결혼생활을 접고 싶다는 생각이 든 적도 있었다. 결혼한 지 얼마 되지 않았을 때, 그러니까 우리 애들이 태어나기 전에 말이다.

나는 집에서 마이로 자랐기 때문에 상황을 주도하는 역할에 익숙했다. 결혼할 당시 스물다섯 살이었던 해리는 여자들에게 관심이 많은 편이었고 누군가 다른 사람이 자신에게 이래라저래라 하는 것에 익숙하지 않았다. 그러면서도 한편으로는 자신의 충동적이고 거친 기질을 제어해줄 수 있는 세심한 손길을 원했다. 결혼생활 초에 그는 나와의 정신적·육체적 친밀함에 몹시 의지했다. 가끔 욱해 화를 내며 뛰쳐나갔지만 언제나 내게 다시 돌아왔다. 화를 냈다가 시간이 흘러 침착함을 되찾고 나면 내 의견이 옳았다며 고개를 끄덕였고 우리가 함께 일구어가는 그 모든 것을 잃게 될까 봐 두려워했다.

해리가 화가 나 내게서 멀찌감치 물러서 있을 때도 나는 쫓아가서 그를 잡으려 하거나 닦달하지 않았다. 그가 우리의 결혼생활을 정말로 소중하게 여긴다면 다시 돌아올 것이라고 믿어서였다. 나는 이런저런 이유로 남편과 갈등을 겪는 여성들이 이메일을 보내와도 똑같이 조언한다. 남편에게 시간을 주라고 말이다. 그러면 결과는 둘 중 하나다. 그가 원래의 자리로 돌아오거나 아니면 그에게서 해방되거나!

해리와 나는 서로를 짜증나게 하거나 화를 돋우거나 실망시키는 온갖 일을 극복해야 했다. 신속하게 대처하지 않으면 결혼생활이 깨질 수도 있는 심각한 문제도 많았다. 섹스, 집안일, 무심한 태도 등으로 충돌했고 아이들 교육 방식이나 생활비 지출을 놓고도 의견이 부딪쳤다. 때로는 친정 식구들이나 시댁 식구들 문제로 싸웠고 휴가 장소나 TV 채널을 놓고도 티격태격했다. 우리도 다른 부부들과 다르지 않았다.

하지만 우리의 이러한 충돌은 더 단단하고 행복한 가정을 만드는 거름이 되었다. 우리가 바라보는 목표는 같았으므로 어떻게 하면 눈앞의 문제를 헤쳐나갈 수 있을지 함께 머리를 맞대고 생각했다. 그러나 갈등을 이번에 무사히 넘겼다고 해서 앞으로 두 번 다시 겪지 않을 것이라고 믿을 수는 없었다. 갈등이나 문제는 다른 모습으로 언제든 나타나기 마련이었다.

결혼생활은 평생 동안 선념해야 할 직업 같은 것이다. 적어도 진심으로 행복한 결혼을 유지하고 싶다면 말이다. 정신적으로 결별한 상태로 살아서도 안 되며, 사랑이라는 이름으로 언제까지나 저절로 굴러가리라고 기대해서도 안 된다. 행복하던 결혼생활에 균열이 나기 시작하는 때는 바로 어느 한쪽이 또는 두 사람 모두가 상대방에게 무심해지는 순간이다. 마치 항상 같은 모습으로 같은 자리에 있는 벽지를 바라보듯 상대방을 바라보게 되는 것이다. 무심함은 자기 자신과 부부 관계의 에너지를 야금야금 갉아먹는다. 사랑하는 두 사람이 서로 관심의 끈을 써버리지 않는 것은 무엇보다 중요하다.

결혼생활이란 결코 만만한 것이 아니다. 두 사람의 관계를 지키고 행복하게 가꿔가는 데는 노력이 필요하다. 때로 시련을 만나겠지만 그 시련을 함께 극복해내는 것만큼 뿌듯한 일은 없다. 또 결혼기념일 케이크 위에 개수가 늘어가는 초를 보며 '우리가 이렇게 오랫동안 함께 삶의 파고를 넘어왔구나' 하고 느끼는 것만큼 기분 좋은 일도 없다. 해리와 나는 결혼 5주년이 되었을 때 10주년이 될 날을 고대했다. 그리고 결혼하고 20년이 지났을 무렵에는 웬만한 문제나 갈등은 우리 사랑에 흠조차 낼 수 없을 것이라는 확신이 들었다. 기혼이거나 미혼인 친구들이 겪는 문제나 고민을 접하면 이런 식으로 생각했다. "아, 저런 문제를 겪다니 얼마나 괴로울까. 난 차라리 지금 내가 하고 있는 고민이 좋아!"

해리와 내가 행복한 결혼생활을 할 수 있었던 가장 중요한 비결은 바로 이것이다. 우리는 갈등이나 문제가 생겨 해결하고 나면 마음에 남은 앙금을 말끔히 털어낸 뒤 절대 다시 언급하지 않았다. 일단 해결된 문제는 그것으로 끝이었다. 우리 둘 다 그렇게 믿었기 때문에 눈앞에 닥친 문제를 함께 해결하는 데에 온 힘을 기울일 수 있었다. 두 사람이 오래오래 사랑하며 살고 싶다면 지나간 과오나 묵은 감정을 끄집어내 상대방을 공격하지 말자. 문제가 생겼을 때 곧바로 해결하고 상대방을 용서한 뒤 앞만 바라보며 나아가야 한다.

사람 사이에 갈등이 일어나는 것은 지극히 자연스러운 현상이다. 그러니 두려워할 필요도 없다. 두 사람의 의견은 당연히 다를 수밖에 없다. 그렇다고 해서 둘이 잘못된 인연인 것도 부부 관계가 파국으로 향하는 것도 아니다. 부부가 서로를 존중하고 긍정적인 태도로 노력해 갈등을 극복한다면 그것이야말로 훌륭한 결혼생활이다.

연애를 하거나 결혼해서 살다 보면 달콤하고 부드럽던 감정이 어느 날 갑자기 연기처럼 사라지고 짜증, 불만, 화로 부글거리는 때가 있다. "나는 절대 그런 일이 없을 거야" 하고 자신하지 말자. 반드시 경험하게 될 테니까. 그럴 때는 그와 같은 감정을 부정하기보다는 첫 번째 싸움이 벌어지기 전에 미리 마음의 준비를 해두는 편이 현명하다. 그리고 어떤 먹구름이 몰려오더라도 두 사람 모두 공정한 태도로 싸워야 한다. 매니와 나는 서로에게 상처를 주는 말을 했을 때 사과하기를 망설이지 않았다. 그리고 다시는 같은 실수를 하지 않겠다고 다짐했다.

　신혼 때였다. 무슨 일인지 기억도 나지 않는 어떤 일 때문에 해리가 짜증을 내서 내가 매몰차게 쏘아붙였다.

"그렇게 마음에 들지 않으면 짐을 싸들고 나가버리지 그래요?"

놀랍게도 해리는 정말로 짐을 싸더니 뒤도 돌아보지 않고 집을 나갔다. 남겨진 나는 당황했다. 결코 해리에게 해서는 안 되는 말이었다. 해리는 며칠 동안 집에 들어오지 않았다. 지금도 나는 그때 해리가 어디에 갔었는지 알지 못한다. 평소 같으면 시누이인 릴리언한테 해리의 행방을 물어보았겠지만 공교롭게도 그 무렵에는 릴리언하고도 사이가 별로 좋지 않아서 그럴 수도 없었다.

결혼한 지 얼마 되지 않은 새댁이 그런 상황에서 할 수 있는 일이 얼마나 될까? 나도 여느 평범한 새댁들과 다르지 않았다. 해리가 나가고 처음 몇 시간 동안은 소신 있게 남편에게 맞선 나 자신이 내심 자랑스러웠다. 그런데 시간이 흐를수록 해리가 집에 없다는 사실에 슬프고 외로워졌다. 조금 더 있자니 해리에게 혹시 무슨 사고가 생긴 것은 아닐까 슬슬 걱정이 되기 시작했다. 그리고 도저히 견딜 수 없는 지경이 되자 부모님 집으로 달려갔고 베개가 흠뻑 젖을 때까지 울고 또 울었다.

한편 해리는 밖에 나가 있는 동안 나의 태도를 어디까지 참아야 하는지 심각하게 고민하고 있었다. 며칠이 지나 해리는 나에게 한 번 더 기회를 줘야겠다고 다짐한 후 집에 돌아왔다. 그리고 나는 중요한 교훈을 배웠다. 해리에게 윽박지르듯 쏘아대서는 안 된다는 것을 말이다. 그는 최후통첩 식의 말을 좋아하지 않았다. 나는 아무리 화가 나도 형편없는 말을 내뱉지 않는 습관을 들여야 했고, 우리의 결혼생활이 행복하게 유지되기를 진심으로 원했으므로 기꺼이 자신을 변화시키려고 노력했다. 만일 내가 감정을 조절하지 못하고 해리에게 "난 화나면 원래 이래. 그러니까 당신이 참아!" 하는 식으로 함부로 말했다면, 아마 지금 여기 앉아서 이 책을 쓰고 있지 못할 것이다.

둘이 싸울 때 내가 하는 말도 해리가 하는 말도 마찬가지로 중요했다. 해리는 자신의 의견을 나에게 이해시키려고 애썼는데 때로는 가슴 아팠지만 그의 말이 맞기도 했다. 우리는 둘 다 바람직하지 않은 싸움 방식을 제거하려 애썼다. 이후 내가 해리에게 짐을 싸서 나가라는 말을 다시는 하지 않았기 때문에 해리가 그렇게 할 일도 없었다.

사람마다 민감하게 화를 내는 부분이나 문제가 다르다. 행복한 결혼생활을 유지하고 싶다면 배우자가 어떤 경우에 예민하게 화를 내는지 정확히 파악하고 그 부분은 건드리지 말자. 그리고 그 자리에서 문제를 해결해야 한다고 생각하지 말자. 흥분한 상태에서 답을 찾을 수 있는 경우는 거의 없다.

우리가 운명적으로 만나 부부의 인연을 맺는 과정에는 많은 행운이 따랐다. 그중에서 가장 큰 행운은 가족들 간의 갈등이나 불화가 없는 분위기에서 결혼생활을 시작할 수 있었다는 점이다. 세상 모든 부부가 그런 행운을 가질 수 있는 것은 아니다.

해리는 대가족을 이루고 살아본 경험이 없었다. 어머니도 계시지 않았고 아버지는 해리의 군복무 시절에 돌아가셨다. 우리를 만나게 해준 해리의 여동생 릴리언은 곧 결혼하여 가정을 꾸릴 예정이었다. 해리가 캘리포니아로 이사 온 후 한동안 함께 살았던 누나 루스Ruth는 나를 별로 좋아하지 않았다. 나는 루스와 원만하게 지낼 방법을 찾아낼 기회를 얻지 못했다. 그녀가 폐질환으로 세상을 일찍 떠났기 때문이다.

해리는 마치 가족이 처음 생긴 것 같은 기분으로 나와 결혼생활을 시작했다. 내 가족들은 그 수가 많지 않았지만 유대감이 무척 끈끈했다. 일요일 저녁이면 우리 어머니는 온 가족을 위해 맛있는 요리를 해주셨고, 해리와 나는 고민거리가 생기면 주저 없이 부모님이나 친척들에게 조언을 구했다. 그분들은 우리가 아기를 돌봐줄 손길이 필요할 때도 기꺼이 도와주셨다. 우리 부모님은 해리에게도 부모님이 되어주셨다. 우리 부모님과 해리와 나는 많은 시간을 함께 행복하게 보냈다. 우리 부모님은 1970년 대에 돌아가셨는데 돌아가시는 그날까지도 해리와 나는 그분들과 살가운 관계를 유지했다. 부모님과 우리의 관계에는 서로에 대한 존중과 애정이 가득했고 말로 설명하기는 힘들지만 함께 있으면 편하게 느껴지는 강력한 무언가가 있었다.

하지만 우리 집안 역시 갈등이 아예 없던 것은 아니었다. 부모님이 이따금 우리 집에 오시면 마치 당신들 집인 양 행동하셨다. 어머니는 부엌에 들이가 대장 노릇을 하셨고, 아버지는 평소 습관대로 명령조로 말씀하셨다. 유대인들이 쓰는 표현 중에 "왕참견쟁이"라는 말이 있는데 아버지가 딱 그러셨다. 하지만 우리는 그것을 이상하게 여기지 않았고 그분들이 어떤 말을 하시든 존중해드렸다. 연륜이 깊은 만큼 당신들의 목소리를 내실 권리가 있다는 것이 해리와 나의 생각이었다.

해리는 우리 아버지의 스타일을 이해하고 불필요한 갈등을 자초하는 언행을 삼갔다. 가끔 아버지의 행동 때문에 내 기분이 상하기는 했어도 해리가 그것을 문제 삼거나 나와 부모님 사이에 끼어들이 말리는 상황까지 간 적은 없었다. 나 역시 해리의 누나가 언짢은 말을 해도 공손하게 받아들였다. 나중에 해리와 나 둘만 남았을 때 마음껏 투덜거리며 스트레스를 풀지

언정 그분들 앞에서는 말대꾸로 맞받아치거나 대거리를 벌이지 않았다.

　시집이나 처갓집 식구들과 갈등이 생기는 원인은 대개 남편 또는 아내가 부모님께 듣기 좋은 말을 못하기 때문이다. 그런 상황은 화를 내는 것으로 해결할 수 없다. 부부가 함께 근본적인 치유책을 찾는 노력을 기울여야 한다. 아들네 집에 와서 며느리가 이미 해놓은 빨래를 다시 하는 시어머니, 다 큰 자식들에게 지출방식에 대한 규칙을 세워주려는 아버지들도 계신다. 만일 당신이 이런 문제를 겪고 있다면 해법은 하나다. 부부가 자립적인 태도로 소신껏 의견을 밝히고 적절한 지점에서 경계선을 긋는다. 그리고 "이제 그렇게 행동하지 않으셨으면 좋겠다"라고 차분하고 애정 어린 태도로 부모님께 말씀드리는 것이다.

　친정어머니나 시어머니가 시도 때도 없이 현관문을 열고 들이닥치신다면 집 열쇠를 바꾸는 것도 좋은 방법이다. 또 아버지가 당신의 자동차 유지 비용을 놓고 잔소리를 하신다면 아버지에게 당신의 은행잔고를 밝히지 말자. 부모님께 결혼한 당신이 이제 어린아이가 아니라는 사실을 분명히 인식시켜드리고 당신의 소신을 지켜야 한다. 장담하건대, 아무리 완고한 노인도 얼마든지 새로운 룰에 적응할 수 있다. 자식들과 멀어지고 싶

지 않다면, 손주들을 자주 만나고 싶다면, 늙은 부모들은 반드
시 그래야만 한다!

남자와 여자는 다르다. 누가 더 낫고 누가 더 못하다는 뜻이 아
니라 그저 '다른' 존재라는 이야기다. 남자와 여자는 상황에 따
른 대처방법도 기분에 따른 행동방식의 변화도 다르다. 호르몬
이 여자와 남자의 서로 다른 행동 패턴과 감정을 만들어내기도
한다.

　나는 내가 여자여서 좋다. 남자와 짝이 되어 인생을 일궈온 시
간도 행복했다. 해리와 내가 항상 마음이 맞는 것은 아니었기
때문에 오히려 우리는 재미있게 살 수 있었다. 내가 조금씩 양
보했기에 해리가 마음껏 남자다움을 발휘할 수 있었고, 해리가
한 발짝 물러서 주었기에 나는 여자다워질 수 있었다. 인제나
두 사람 모두가 똑같이 좋아하는 일반 해야 한다고 믿는 연인
이나 부부는 잘못 생각하고 있는 것이다.

　최근에 페이스북 친구 한 명이 나에게 숙녀의 정의가 무엇이

냐고 물어왔다. 나는 "자신의 감정보다 타인의 감정을 먼저 살필 줄 알고, 주변 사람과 만나는 이들 모두에게 친절한 사람"이라고 대답해주었다. 내 나이 서른쯤에 이렇게 대답할 줄 알았다면 좋으련만 아쉽게도 무엇이든 나이를 먹어가면서 깨닫게 된다. 어쩌면 서른 살 즈음의 나는 숙녀가 되려면 친절한 성격과 약간의 패션감각이 필요하다고 생각했을지도 모르겠다.

나는 숙녀라는 말이 참 마음에 든다. 요즘 사람들은 여성 혐오증을 운운하거나 나약함을 드러내는 온갖 특성을 여성적인 것과 연결하곤 하지만, 사실 강인한 여성보다 더 멋진 개념은 없다. 강인한 여성이야말로 최고의 숙녀이다. 숙녀는 자존감이 높고 타인을 존중할 줄 알며 결코 남들에게 휘둘리지 않는다.

사람은 누구나 독특하고 고유한 존재이지만, 남성 또는 여성만 지니는 특성들도 있다. 남녀의 전형적인 특성은 부부 관계에서도 나타난다. 나는 남녀의 특성을 각각 '잔소리쟁이'와 '야수'라고 부른다. 많은 여성은 내면에 잔소리쟁이의 기질을 가지고 있고 많은 남성 역시 어느 정도 야수의 성향이 있다. 그 사실을 빨리 인정할수록 늦지 않은 때에 자신의 기질을 현명하게 다스려 두 사람의 관계가 악화되는 것을 막을 수 있다.

잔소리쟁이는 자신의 잣대로 타인을 판단하려 들고 타인의 시간을 빼앗는다. 또 가장 부적절한 때에 짜증스럽거나 귀찮은 주제를 끄집어내 계속 물고 늘어지는 재주를 가졌다. 잔소리쟁이는 상대방에게서 거절이나 반대의 말을 듣기 싫어하고 웬만해서는 만족할 줄을 모른다. 가끔 일리 있는 말을 하기도 하지만 상대방에게 너무 불쾌감을 주는 밉상이라서 사람들이 그 점을 잘 알아채지 못한다. 잔소리쟁이는 다른 사람들도 자기처럼 짜증스러운 감정을 느끼도록 만든다.

야수는 타인과의 소통을 거부하거나 고함을 지름으로써 자신의 힘을 표현하고 싶어 한다. 그리고 작은 분노가 점점 커져 눈덩이가 될 때까지 화를 가슴속에 담아두는데, 그 화가 밖으로 표출될 때면 주변 사람들은 그가 왜 화를 내는지 이해하기 힘들 수도 있다. 야수는 난폭한 모습을 보이거나 위협적인 말을 내뱉기도 한다. 야수와는 이성적이고 합리적인 대화가 힘들고, 그가 스스로 진정하기를 기다리는 편이 나을 때가 많다.

당신에게 잔소리쟁이 혹은 야수의 기질이 있다고 생각하는가? 만일 그렇다 하더라도 낙담할 필요는 없다. 자신의 문제적 행동을 인식하고 관리하는 것도 곁에 있는 잔소리쟁이나 야수 아이 관계를 개선하는 것도 충분히 가능하기 때문이다. 이미 익숙해져 있는 잘못된 소통 방식을 깨트리고 상대에게 공감하는 태도로 다가가면 부정적 행동 방식을 멈추게 할 수 있다.

상대방이 잔소리를 할 경우 말투나 태도 또는 당신이 느끼는 짜증에 신경을 집중하지 말고 그 사람이 '말하는 내용'에 귀를 기울여보자. 그리고 그 내용을 정리해 되물음으로써 상대의 말에 귀를 기울이고 있음을 알려주자.

"그러니까 당신 말은 지금보다 더 자주 잔디를 깎아야 하고 이웃사람들이 우리를 보고 눈살을 찌푸릴까 봐 걱정된다는 얘기로군. 그렇지?"

그러면 잔소리쟁이는 배우자가 자신의 말을 흘려듣지 않았다는 사실에 감동하여 잔소리하는 것을 멈출 것이다. 그때부터 두 사람은 각자의 감정을 툭 터놓고 이야기하면서 문제해결을 위한 실제적인 방법을 함께 찾아볼 수 있다.

반대로 야수의 기분이 언짢거나 화가 나서 말하고 싶어 하지 않으면 존중해주는 편이 낫다. "당신, 기분이 언짢은가 보네. 곧 풀렸으면 좋겠어. 얘기할 마음이 생기면 그때 말해줘"라고 말하는 것이다. 남편이 무언가를 혼자 하고 싶어 하면 따지지 말고 그냥 내버려두자. 해리는 기분이 안 좋아지면 차고 작업실에 틀어박혀 있다가 한두 시간 후에 한결 밝아진 얼굴로 나왔다. 그런 적이 한두 번이 아니었다. 두 남녀가 살다 보면 자기도 모르게 상대방의 기분을 상하게 할 때가 있기 마련이다.

　우리 집에는 '남편의 할 일 목록'이 있었다. 해리가 해주었으면 하는 이런저런 집안일들을 정리한 목록이었는데, 내가 목록에 추가해놓으면 해리가 시간 날 때 그것들을 처리해주었다. 툭 하면 펜을 들고 주방에 들어와서 다 끝낸 집안일 항목을 '남편의 할 일 목록'에서 슥슥 지우는 남편을 어찌 사랑스럽게 쳐다보지 않을 수가 있을까! 때로는 해리가 너무 빠르고 야무지게 일을 해결해주어서 나는 목록에 새로 추가할 집안일을 일부러 끄집어내느라 고민해야 했다.

　나는 해리가 민감하게 화를 내는 부분이나 문제를 건드리지 않는 방법을 곧 터득했다. 해리는 인자한 성격이었지만 누군가 압박을 가하는 것을 무척 싫어했다. 그가 어떤 중요 사안에 의견을 밝히면 그것으로 그만이지 협의의 여지는 없었다.

　나는 해리를 있는 그대로 받아들였고 해리 역시 그 점을 고마워했다. 과거에 만났던 여자들의 잔소리가 너무 싫었다는 해리의 말을 듣고 나는 절대 그러지 말아야겠다고 다짐했다! 그리고 실제로도 나는 불평불만을 많이 늘어놓지 않았다. 대체로 해리와의 관계에 만족했으니까.

　나는 우리가 가진 것보다 더 많은 것을 바라지 않았다. 나는 사랑하는 남자와 같은 지붕 아래 살 수 있고 그 남자와 함께 아이들을 키울 수 있어 행복했다. 그리고 부모님을 정기적으로 만날 수 있고 먹고 즐길 음식과 예쁜 옷들이 있어 좋았다. 특별히 갖고 싶은 무언가가 있으면 해리를 들볶는 대신에 차분하게 말로 표현했다. 그럴 때면 해리는 내가 원하는 것을 적극 지지해주곤 했다.

우리 신발가게에 온 손님 중에 몇몇이 도통 만족하지 못하면서 요란하게 불만을 쏟아놓을 때가 있었다. 그럴 때 해리가 했던 "원래 세상에는 별의별 사람이 다 있는 거야"라는 말은 세상에는 늘 비구름을 몰고 다니는 사람들이 있으니까 그들이 만든 진흙탕에 덩달아 말려들지 말라는 의미였다. 그런 손님이 오면 우리는 웃는 얼굴로 할 수 있는 최선을 다하고 그 사람을 빨리 내보내려고 애썼다. 세상에는 그런 사람들에게도 맞는 짝이 있을 것이다.

해리와 나는 평온하고 즐겁게 살아갈 수 있기를 바랐다. 나는 해리가 항상 툴툴거리기를 원치 않았고 해리 역시 내가 옹졸하게 바가지 긁기를 원치 않았다. 그리고 우리는 서로의 바람에 부합하는 짝이 되어주었다.

누군가와 진지한 관계로 발전하고 싶다면 상대가 원하는 좋은 습관을 갖기 위해 노력해보자. 나쁜 습관을 버리는 것보다 좋은 습관을 들이는 것이 훨씬 더 쉽다. 그리고 머리와 가슴을 함께 쓰며 살되, 언제나 말을 조심해야 행복한 삶에 더 가까워

진다. 남자와 여자는 많이 다르지만 두 사람의 노력으로 얼마
든지 조화를 이루면서 살 수 있다.

결혼생활을 방해하는 침입자

행복한 결혼생활을 위협하는 요인 가운데 하나는 바로 배우자
의 외도다. 많은 사람이 자신 또는 배우자가 저지른 불륜의 후
유증과 싸우고 있다. 배우자의 외도에 따른 마음의 상처와 불
신은 결혼생활에 치명타를 가하며, 많은 부부가 그 위기를 끝
내 극복하지 못하고 헤어지고 만다.

 바람을 피우겠다고 작정하며 결혼하는 사람은 없을 것이다.
그러나 평소에 서로 대화가 단절되었다든지 함께 보내는 시간
이 너무 적다든지 부부 사이에 문제가 있으면 불륜이라는 침입
자가 꿈틀거리며 비집고 들어올 수 있다. 일단 불륜이 시작되
면 어떻게 전개되든 당사자에게 큰 상처를 입히게 된다. 그러
니 병이 악화된 다음에 치료하러 애쓰기보다는 불륜을 초래할
지 모르는 징조들을 미리 해결하는 편이 낫다.

어떤 사람들은 배우자가 다른 이성에게 호감을 보이기만 해도 불같이 화를 낸다. 나는 호감을 표현하는 것 자체는 나쁜 행동이 아니라고 생각한다. 젊은 여자 혹은 남자가 친절하고 상냥한 이성과 이야기를 나누면서 기분이 좋아지는 것은 전혀 이상한 일이 아니다. 우호적인 감정으로 사람들과 친밀한 관계를 맺는 것이 왜 잘못이란 말인가? 양쪽 그 누구도 그 이상의 관계로 진전시키지 않는 한 이성에게 호감을 갖는 것은 별로 대수로운 일이 아니다. 또 부부의 사랑에 균열이 없는 한 다른 이성에게 호감을 느끼는 것은 별 문제가 되지 않는다. 하지만 만일 균열이 존재한다면, 다른 이성에 대한 호감 표현은 그 균열을 더 악화시킨다. 그리고 어느새 두 남녀는 호텔을 들락거리고 집에서 배우자 몰래 전화를 받기 시작한다.

불륜을 막을 수 있는 가장 강력한 힘은 바로 정직이다. 배우자에 대한 그리고 자기 자신에 대한 정직함. 견딜 수 없는 외로움 때문에 배우자가 아닌 다른 누군가와 육체적·정신적 관계를 맺게 되는 날이 오기 전에 평소 배우자와의 관계를 회복하기 위한 노력을 기울여야 한다. 만일 부부가 직업 때문에 오랫동안 떨어져 지내야 하는 상황이라면, 시간이 날 때마다 이메일을 보내거나 영상통화를 하자. 아니면 연애 편지라도 써보자. 그것을 받아본 당신의 남편이나 아내는 깜짝 놀라면서도 굉장히 행복해할 것이고 그 편지를 평생 소중하게 간직할 것이다.

배우자와의 애정 행위에 불만이 있다면 어색하거나 쑥스럽더라도 터놓고 대화를 나누는 것이 바람직하다. 전문가의 도움을 받아보는 것도 좋다. 심각한 문제가 생겨야 부부상담을 받는 경우가 많은데 심리 치료가 문제가 있는 부부에게만 유용한 것은 아니다. 많은 종교에서는 결혼 전 커플이 함께 상담할 것을 권고하거나 의무사항으로 강조한다. 나 역시 아무 문제가 없는 부부라 할지라도 부부 심리 전문가에게 이따금 상담을 받으면 행복을 유지하는 데 도움이 된다고 생각한다.

해리와 나는 결혼하고 40년이 지나서야 '결혼생활 대화 모임Marriage Encounter'의 주말 프로그램에 참가했다. 먼저 참가해본 친구들이 우리 부부에게 강력하게 추천해서였다. 더욱 깊고 친밀한 부부 관계를 다지기 위한 그룹 활동이었는데, 우리는 늘 그곳에서 많은 것을 얻고 돌아왔다. 전문가의 지노로 다른 부부들과 함께 모여 앉아 결혼생활을 주제로 대화를 나누며 이런저런 문제에 대처하는 새로운 방법을 배웠다. 결혼생활을 돌아보며 각자 사랑의 일기도 썼다. 우리는 그 일기장에 상대방의 가장 마음에 드는 점들, 결혼생활에서 어렵게 느껴지는 부분들, 그런 부분을 개선하기 위한 방법으로 생각되는 것들을 솔직하게 적었다.

 일정을 마치고 집에 돌아온 후 해리와 나는 굉장히 유익한 프로그램이었다고 주변 사람들에게 자랑했다. 왜 진작 참가하지 않았을까 하는 아쉬움이 들 정도였다. 결혼생활에 문제가 없는 부부라도 상대방에게 그리고 서로의 관계에 온전히 집중하며 보내는 이틀은 대단히 의미가 깊다. 다른 것에는 전혀 신경 쓰지 않고 서로에게만 집중하는 것은 애정과 신뢰를 끈끈하게 다지는 훌륭한 방법이다.

 그 프로그램에 참여했을 때 썼던 일기장을 가끔 들추어보면 얼마나 기분이 묘한지 모른다. 대부분은 내 마음을 활짝 열어젖히고 해리를 향해 쓴 편지다. 또 결혼생활의 행복에 젖어 있던 내가 남편에게는 말하지 않은 속마음도 담겨 있다. 그 일기는 마음속 감정을 솔직하게 표현할 수 있는 참 좋은 기회였다. 일기를 쓰는 동안 내 가슴에 차올랐던 감정이 당신에게 조금이나마 전달되기를 바라며 일기 중에서 비교적 덜 사적인 내용을 일부 소개하겠다.

당신과 나, 지금까지 정말 잘해온 것 같아요. 당신은 남들 사는 모습을 부러워한 적이 한 번도 없었고 우리 둘 다 너무 높은 곳을 바라보지 않았어요. 그래서 어떤 일이 일어나도 항상 즐겁고 행복하

게 살 수 있었던 것 같아요. 언제나 우리 둘 모두를 위하는 방향만을 바라보았어요.

당신 덕분에 나는 높은 자존감을 가질 수 있었어요. 또 당신은 내가 똑똑하고 예쁘고 사랑스러운 존재라고 느끼게 해주었죠. 그것이 얼마나 커다란 선물이었는지 알아요? 최고의 선물이었어요. 그것이 없었다면 내가 어떻게 살아올 수 있었을까요?

두렵거나 당황스러울 때, 또는 더 참지 못하겠다는 절망감이 들 때마다 당신의 그 따뜻한 손을 꼭 잡고 싶어져요. 당신의 손을 잡고 있으면 내가 혼자가 아니라는 사실이, 당신이 내 고민을 들어주고 언제나 곁에서 내 마음을 이해해줄 거라는 사실이 가슴 가득히 느껴져요. 밤에 잠들기 전에 침대에 누워 당신 손을 가만히 잡고 있노라면 이렇게 말하고 싶어질 때가 얼마나 많은지 몰라요.

"참 먼 길을 함께 걸어왔네요. 우리는 참 잘 해냈어요. 힘들 때도 많았지만 정말로 멋진 순간도 많았어요."

사랑을 담아, 바바라가.

나는 '결혼생활 대화 모임' 프로그램 덕분에 마음속에 품고 있었던 사랑과 고마움을 해리에게 표현할 수 있었다. 나의 표현에 해리도 고마워했고 나를 사랑하는 마음을 나타내주었다. 그 주말 프로그램에 다녀온 이후 우리의 사랑은 더 단단해졌다.

누군가는 현재의 배우자와 헤어지고 싶지만 그럴 용기가 없어서 바람을 피운다. 그래서 밖에 나가 새로운 이성과 사귀기 시작하며 바람피운 사실을 애써 숨기지도 않는다. 그러다가 어느 날 배우자가 그 사실을 알고 분통을 터뜨리면 바람을 피운 주인공은 새로운 애인의 품속으로 슬그머니 도망쳐버린다. 결국 바라던 상황이 되는 것이다.

어떤 사람은 배우자가 자신에게 관심을 두지 않아서 집에서 찬밥 신세라고 느끼고 합당한 대우를 받지 못한다는 생각에 바람을 피운다. 또는 자기가 원하는 욕구를 배우자가 채워주지 못한다고 느껴서 한눈을 파는 경우도 있다. 그런데 한 사람이 다른 사람의 욕구를 '완벽하게' 채워주는 일이 과연 가능할까? 욕구를 전부 채우지 않고서도 얼마든지 행복하게 살 수 있다. 그런 마음가짐을 가지고 살면 마음이 한결 편해진다. 당신은 완벽한 사람이 아니며 배우자도 마찬가지다. 그러나 진심으로 서로를 사랑하고 응원해주면 둘이서 행복한 결혼생활을 만들어나갈 수 있다.

바람을 피우다가 들통이 난 배우자가 용서해달라고 애원하는

경우도 있다. 그때 용서할지 말지 결정하는 것은 당사자에게
달렸다. 또 앞으로 다시는 그런 부적절한 행동을 하지 않겠다
고 결심하느냐 마느냐 역시 바람피운 자에게 달려 있다.

 만일 해리가 내 생각과 달리 믿음직스러운 남자가 아니라는
사실을 내가 알게 되었다면 과연 어떻게 반응했을까? 만약에
해리가 바람을 피우다가 나에게 들켰다면 해리의 인생에 돌이
킬 수 없는 오점이 되었을 것이다. 나는 해리의 외도를 한 번은
용서했을지도 모르지만 두 번째는 절대 넘어가지 않았을 것이
다. 한 번 바람피운 남자들은 대게 또 그런 짓을 서지르니까 말
이다. 나는 남자가 어떤 동물인지 잘 알고 있지만 해리가 여자
뒤꽁무니나 쫓아다니는 사내가 아니었다는 사실에는 눈곱만
큼의 의심도 없었다. 적어도 내가 아는 한 해리가 나 몰래 비밀
생활을 유지한다거나 자신에게 필요한 무언가를 내가 아닌 다
른 사람에게서 해결한다는 낌새는 한 번도 비친 적이 없었다.

 배우자의 외도 사실을 알아도 크게 개의치 않는 사람도 있다.
세상에는 좋은 것이 좋은 거라는 식으로 지당히 넘어가면서 사
는 사람들도 있다. 또는 배우자를 정말 사랑하기 때문에 바람
피우는 것을 봐주는 사람도 있고 배우자를 별로 '사랑하지 않
기 때문에' 상대방이 무엇을 하든 상관하지 않는 경우도 있다.

만약 당신의 남편이나 아내가 상습적으로 바람을 피운다면 어떻게 해야 할까? 나는 부부가 결혼생활이 유지되도록 열심히 노력해야 한다고 생각하지만 더 이상 신뢰할 수 없는 상대방과는 이별하는 것이 오히려 나을 수도 있다.

그런데 지극히 정상적인 결혼생활을 하고 있지만 어쩐지 배우자의 외도가 의심된다면 어떻게 해야 할까? 의심이 들지만 가정이 깨지는 것은 원치 않는다면 상대방에게 이렇게 말하는 것이 좋다. "여보, 분명하게 바로잡아야 할 문제가 있어." 그리고 지금까지의 정황을 정확히 되짚어보도록 하자. 상대방의 반응을 보고 제대로 판단하기 위해서는 당신의 기지와 직관을 총동원해야 할 것이다. 당신의 말에 배우자가 꼬리가 밟혔다는 것을 깨닫고 깊이 뉘우치면서 솔직한 태도를 보이는가? 아니면 자신은 아무런 잘못을 하지 않았다고 오리발을 내미는가? 몇 가지는 순순히 인정하지만 전부를 털어놓지는 않는가?

균열이 생긴 부부 관계를 회복하려면 그 균열 지점에 불빛을 환하게 비추고 살펴보아야만 한다. 깊게 심호흡을 하고 스위치에 손을 뻗어보자. 무섭고 겁이 날 수도 있다. 하지만 눈앞의 현실을 제대로 직시하겠다는 각오를 하면 당신 자신이 생각보다 강한 사람이라는 것을 깨닫게 될 것이다.

얼마 전에 한 여성이 내게 조언을 부탁했다. 결혼한 지 30년이 되었는데 남편에게 용서받지 못할 행동을 저질렀다면서 서로간의 신뢰와 부부 관계를 회복할 방법을 알려달라는 것이었다. 나는 그녀에게 "부부 관계가 좋아지기 위해서는 어느 한쪽이 아닌 두 사람 모두의 노력이 필요하다. 당신이 지금까지 관계 회복을 위해 진심을 다해 노력했어도 결정권은 남편에게 넘어가 있다"라고 말해주었다. 상대방에게 용서를 강요할 수는 없다. 만일 배우자에게 상처를 주었다면 그가 몹시 분노하더라도 기꺼이 받아들여야 한다. 상대방의 질책을 받아들여야 하며 거기에 저항할 권리는 없다. 그런 상황이 싫다면 항상 올바르게 처신할 수밖에 없다.

두 사람 모두가 진심을 다해 노력하지 않는 한 삐걱거리는 부부 관계는 회복하기 힘들다. 있는 힘을 다해 노력해도 회복하지 못하는 경우도 있다. 만일 두 사람이 최대한 노력한 후에도 문제가 해결되지 않는다면 그쯤에서 그만두고 새로 시작하는 편이 나을 수도 있다.

부부 관계에 마침표를 찍더라도 영영 사랑을 포기해야 하는 것은 아니다. 살다 보면 새로운 사람을 만날 가능성은 늘 있으며 앞날에 사랑이나 행복이 다시 찾아올 수 있다. 스스로 똑같은 실수만 되풀이하지 않는다면 말이다.

두 사람의 사랑만 단단하다면 배우자의 외도라는 위기가 찾아와도 이겨낼 수 있다. 그러나 정말 바위처럼 굳건한 사랑으로 엮여 있는 부부에게는 애초에 그런 위기가 찾아오지 않는다. 항상 자신을 되돌아보고 배우자와의 교감을 잃어버리지 말자. 그래야 불륜이라는 적군이 행복한 결혼생활을 훼방 놓지 않는다. 그리고 가급적 다른 이성에게 눈길을 두지 말고 배우자에게 사랑을 주는 데 집중하자. 늘 자상한 사람이 되도록 노력하고, 관계에 나태해지지 말자. 내 경험에 비추어볼 때 무뚝뚝한 사람보다는 자상한 사람으로 살아야 인생이 훨씬 더 즐거워진다.

인생의 과속 방지턱

결혼해서 오래 살다 보면 여러 가지 고난을 겪기 마련이다. 다행인 것은 대개는 고난이 동시에 닥치지는 않는다는 점이다. 하늘은 우리에게 감당할 수 없는 시련은 주지 않는다. 어려운 문제가 닥쳤을 때 지혜롭게 대처하면 그다음에 다가오는 시련을 좀 더 수월하게 이겨낼 수 있다. 부부가 힘을 합쳐 그 시간을 이겨내면 부부 사이가 돈독해지고 둘의 마음을 잇는 끈이 훨씬 튼튼해진다. 함께 헤쳐온 고난은 두고두고 회상할 이야깃거리가 되며, 그 순간을 이겨낸 성취감은 그 무엇과도 비교하기 힘들다.

나는 고난을 도로 위에 설치된 과속 방지턱이라고 생각한다. 이것은 어디까지나 나만의 비유이므로 도로를 달리는 내 모습도 마음대로 그려보겠다. 운전용 장갑에 근사한 선글라스를 끼고 아담한 빨간색 컨버터블 자동차를 몰고 있다. 꽤 귀엽지 않은가? 살다 보면 이따금 과속 방지턱을 만난다. 다 낡은 타이어와 덜렁거리는 범퍼를 단 자동차를 몰고 인생이라는 도로 위에서 난폭하게 운전하지 않는 한, 작은 과속 방지턱 하나쯤 만났다고 해서 사고가 나지는 않는다. 눈앞에 나타난 과속 방지턱의 실체를 인정하고 파악한 후 거기에 대처한 다음 계속 가던 길을 가자.

이 룰을 따르지 않으면 시련이 당신 앞을 가로막을지도 모른다. 문제를 보고도 애써 외면하고 해결하지 않으면 결국 괴로움에 몸부림치게 되는 것이다. 사소한 문제가 점점 눈덩이처럼 커져서 결국 당신의 삶을 집어삼키게 된다. 시련이 당신을 지배하도록 내버려두면 안 된다. 어떤 시련은 도로 가운데 크고 깊게 뚫린 구멍처럼 당신을 삼켜버릴 수도 있다.

해리와 나도 커다란 구멍을 만난 적이 있었다. 바로 첫째 아들 제리를 하늘 나라로 보낸 일이었다. 제리는 착하고 예쁜 아기였다. 첫아이라 얼마나 많이 사랑했는지 모른다. 어느 날, 아주 작은 아기였던 제리에게 호흡 관련 문제가 생겼다. 제리를 데리고 병원으로 달려갔지만 의사는 달리 손 쓸 방법이 없다고 했다. 우리는 어쩔 수 없이 제리를 다시 집으로 데려왔고 간절한 마음으로 기적이 일어나기만을 바랐지만, 결국 제리는 숨을 거두었다. 그때 내 심정을 어느 누가 상상할 수 있을까. 자식을 먼저 보낸 경험이 있는 사람이라면 헤아릴 수도 있으리라.

아직 신혼부부였던 해리와 나는 어느 날 갑자기 아이를 떠나보내고 둘만 덩그러니 남았다. 온몸의 세포란 세포는 전부 후벼 파는 듯한 지독한 상실감과 슬픔. 이럴 때는 대체 어떻게 해야 하는지 알려주는 지침서 따위는 없었다. 나는 죽을 것만 같았다. 하지만 죽지 않았다. 나는 왜 우리 아기를 데려갔느냐고 신께 물었지만 아무런 대답도 들을 수 없었다. 내가 할 수 있는 일은 그저 계속 삶을 살아가는 것밖에 없었다.

사람들이 슬픔을 겪어내는 방식은 저마다 다르다. 어떤 부부는 자식을 잃은 슬픔을 끝내 극복하지 못한다. 서로를 탓하기도 하고, 떠나버린 아이가 자꾸 떠오르는 것이 괴로워 상대방의 얼굴을 애써 피하기도 한다. 만일 해리가 그랬다면 내 마음은 지독히 아팠겠지만 다행히도 그는 그러지 않았다.

우리는 떠난 제리 이야기를 가급적 입에 올리지 않았다. 그저 말없이 서로에게 의지하며 하루하루를 살아갔다. 둘 다 가슴이 미어지는 슬픔을 한동안은 안고 살아야 하지만 그것 때문에 모든 것을 놓고 주저앉지는 말아야 한다는 사실을 잘 알고 있었다. 우리는 서로가 얼마나 아픈지 말하지 않아도 알았다. 그저 곁에서 힘이 되어주면서 그렇게 그 시련을 헤쳐나왔다.

시간이 흐르고 우리에게는 예쁜 딸과 귀여운 둘째 아들이 생겼다. 그 아이들을 키우고 나중에는 손자 손녀들을 돌보며 우리의 삶은 다시 행복한 순간들로 차곡차곡 채워졌다. 하늘나라로 떠난 제리를 절대 잊지는 않았지만 제리만 떠올리며 괴로움에 함몰되지도 않았다. 제리를 잃은 상처를 계속 끄집어냈다면 슬픔을 극복하는 데 도움이 되지 않았을 것이다. 우리는 제리를 입에 올리지 않는다고 해서 그 아이가 얼마나 우리에게 소중한 존재였는지를 잊어버리거나 부인하는 것은 아니라고 생각했다.

그 일 때문에 우리가 헤어졌을 수도 어쩌면 제리라는 아이가 있었다는 사실을 잊어버릴 수도 있었지만 천만다행으로 그러지 않았다. 해리와 나는 그 이후로도 70년이 넘는 세월을 함께했다. 제리가 살아 있었다면 노인이 되었을 때까지 말이다.

그리고 나는 해리도 먼저 보냈다. 하지만 그이는 여전히 나와 함께 있다. 지금도 해리의 목소리가 들리고 그이의 환한 미소가 보이며 나를 포근하게 안아주는 그이의 팔이 느껴진다. 오랜 세월을 함께했기에, 해리와 나는 한 몸이나 다름없는 존재가 되었다. 비록 지금 해리의 육신은 이 세상에 없지만 그것은 하나도 중요하지 않다. 해리가 떠났을 때도 나는 죽을 것만 같았다. 하지만 내가 이 세상에 살아있는 한, 해리의 커다란 한 부분도 살아있는 것과 마찬가지다.

살다 보면 과속 방지턱도 만나고 커다란 구덩이도 만난다. 삶은 결코 만만하지가 않다. 그래도 죽음보다는 삶이 낫다는 데는 누구나 고개를 끄덕이지 않을까. 인간은 어리석고 간사한 존재다. 우리는 정말 아무것도 아닌 일 때문에 친구나 친척과 싸우고 그때 느꼈던 분노가 사라져 한참이 지나도 그 일을 마음속에 담아둔다. 또 중요한 문제를 잊고 방치했다가 제자리로 돌려놓기에는 너무 늦었다는 사실을 깨닫고 땅을 치며 후회한다. 우리가 인간이라서 그렇다. 우리 모두 허술하고 부족한 존재라는 사실을 받아들여야 한다. 완벽함을 기대한다면 차라리 컴퓨터와 사랑에 빠지는 편이 나을지도 모른다. 인간은 누구나 부족하고 허점투성이며 조금 더 완곡하게 표현하자면 '별난 점'을 가지고 있다.

좋은 시절이든 나쁜 시절이든 삶의 고개마다 씩씩하게 넘으며 살아가고 싶다면 웃는 습관을 기르자. 긴장을 푸는 데 웃음보다 효과적인 약은 없다. 웃음은 힘들어도 다시 일어나 뛰게 만드는 묘약과도 같다.

우울해지면 그 우울함 속으로 한없이 침잠하도록 자신을 내버려두어서는 안 된다. 재미난 코미디 영화를 보거나 가장 좋아하는 음악을 들어보자. 애완동물이 있다면 그 녀석과 함께 놀고, 평소에 좋아하는 만화나 드라마를 봐도 좋다. 풍경이 멋진 곳을 찾아가도 좋고 몸을 많이 움직이는 활동을 하는 것도 좋다. 친구에게 전화해 수다를 떠는 것도 괜찮은 방법이다. 어떤 사람들은 신나게 드럼을 치기도 하고 어떤 사람들은 공원 벤치에 가만히 앉아서 온몸에 쏟아지는 따사로운 햇살을 즐기기도 한다. 나는 이 모든 것을 활용할 수 없을 때는 눈을 감고 재미있었던 일이나 대상을 떠올리거나 거울을 보면서 우스꽝스럽게 오만상을 찌푸려보는데, 꽤 효과가 있다.

해리는 기분이 나쁘거나 우울하면 그 기분을 빨리 떨쳐내고 싶어 했다. 니 역시 그러기를 바랐나. 낭사자도 기분이 풀어지기를 바라고 있는데, 우거지상을 하고 있다는 이유로 잔소리를 해봤자 소용없다.

해리든 나든 둘 중 한 명이 잔뜩 짜증 나 있을 때면 우리는 재미있는 장난을 치거나 상대방을 놀려서 기분을 풀어주곤 했다. 해리는 어떤 말을 하면 내 기분이 풀어지는지, 어떤 우스꽝스러운 표정을 지으면 내가 웃는지 누구보다 잘 알고 있었다. 그런 해리가 장난을 걸어오면 나를 둘러싸고 있던 짜증이라는 풍선은 금세 '펑' 하고 터져버렸다.

누군가와 오랜 시간을 보내면 그를 속속들이 알게 되고 그의 마음을 읽는 법도 자연스럽게 터득하게 된다. 우리도 신혼 부부였을 때는 그 방법을 잘 몰랐지만, 시간이 흐르면서 상대방이 힘들어할 때 그것을 알아채고 배려하는 동시에 유쾌한 방법으로 기분을 풀어주기가 쉬워졌다. 솔직히 말하면 우리는 제리를 떠나보낸 이후로 훨씬 더 가까워졌다. 제리의 죽음은 물론 말로 다 표현하지 못할 만큼 슬픈 일이었지만, 우리 둘의 사이를 훨씬 더 단단하게 결속시켜준 계기가 되기도 했다.

꿀꿀한 기분에서 벗어나는 방법은 얼마든지 있다. 자신에게 가장 잘 맞는 방법을 찾아보자. 그리고 웃음도 잊어서는 안 된다. 단 몇 분만 깔깔거리며 웃어도 기분이 한결 나아지고 상황을 새

로운 시각으로 보게 된다. 아마 새로운 사람이 된 기분을 금방
느낄 수 있을 것이다.

7장

사랑하라, 어제보다 조금 더

인생은 제 발로 찾아와 행복을 선물하지 않는다.

하루하루 충실히, 매일 감사하는 마음으로

사랑하는 이들을 더욱 사랑한다면

어제보다 오늘 더 행복할 것이다.

성장통을 겪는 부모

'부모'란 자식을 사랑과 인내심을 가지고 최선을 다해 키우고, 성인이 된 자녀를 결국은 품에서 떠나보내는 존재다. 아무리 밤잠을 설쳐가며 자식 걱정을 한들 달라지는 것은 없다. 아이들은 훌쩍 자라면 자신들이 원하는 삶을 찾아 떠난다. 그때가 되면 부모는 자식을 조심스럽게 지켜보되 생의 방향을 정해주려고 해서는 안 된다. 아이들은 부모의 감독과 간섭을 원치 않는다. 부모가 할 수 있는 일은 그저 관심 어린 시선으로 지켜보는 것, 자식을 자신과 타인을 존중할 줄 아는 사람으로 키웠기를 바라는 것밖에 없다.

해리와 나는 때때로 우리 아이들이 잘못된 방향으로 빠지지는 않을끼 걱정했다. 우리 아이들이 속 썩이는 일 없이 완벽했다고 말할 수는 없다. 해리와 나 역시 완벽한 부모가 아니었고 자식들을 키우면서 이런저런 우여곡절이 적지 않았다. 때때로 우리와 자식들 사이에 의견충돌이 있었지만 서로에 대한 사랑만큼은 변함없었다. 그리고 나는 항상 우리 아이들이 다른 집 애들보다 더 똑똑하고 멋지다고 생각했다. 지금도 그 생각에는 변함이 없다.

솔직히 아이들이 어렸을 때가 더 좋았다. 아무것도 모르는 어린아이였을 때는 늘 내 테두리 안에 있었다. 그러나 성인이 되자 관심사가 집 바깥으로 옮겨갔고 독립을 추구하기 시작했다. 그 전환기를 힘겨워하지 않는 부모와 자식은 거의 없다. 모든 부모는 곧 맞게 될 그 시기를 있는 그대로 받아들이고 마음의 준비를 해야 한다. 막상 그때가 되면 쉽지만은 않지만 말이다.

자녀의 독립 의지는 부모와 떨어져 살기 훨씬 전부터 단계적으로 나타난다. 아이들이 웬만큼 성장하면 어느 순간부터 부모가 원하는 방향으로 자신을 맞추기보다는 자기중심으로 생각하기 시작한다. 그러면 부모는 혼란스러운 감정에 휩싸이게 된다. 어린아이인 줄로만 알았는데 이제 어른이 되는 것 같아 대견하지만, 한편으론 상당히 다루기 힘들어 부모의 마음을 아프게도 한다. 아주 간단하고 당연한 일조차도 그것을 왜

해야 하느냐고 따지기 시작하고 툭 하면 얼굴이 부루퉁해지며 집을 몰래 빠져나가 식구들을 걱정시키기도 한다. 때로는 무례한 언행으로 부모 가슴에 못을 박기도 하고 감수성이 지나치게 예민해져서 사소한 말 한마디에 히스테리를 부린다. 만약에 아이 키우는 일이 하나도 어렵지 않다고 말하는 사람이 있다면, 머리에 매운 꿀밤을 한 방 주고 싶을 만큼 아이를 키우는 일은 어렵다.

폭주기관차 같던 아이들도 시간이 지나면 어엿한 성인이 된다. 아이들은 성인이 되면서 인생에 중요한 것이 무엇인지를 깨달아간다. 가족의 행동패턴이나 전통 가운데 어떤 것과는 멀어지지만 어떤 것들은 소중히 간직하면서 어른이 되어서도 잊지 않는다. 부모로서 아이와 적당한 거리를 두고 객관적으로 바라볼 수 있다면 그 모든 과정이 참으로 흐뭇하고 대견하게 느껴질 것이다. 자식이 찾은 길이 부모의 마음에도 든다면 그보다 더 뿌듯한 일은 없다.

내 페이스북 친구 중 한 명이 십 대 자녀 때문에 지독하게 속을 썩고 있다며 조언을 청해왔다. 나는 그녀에게 "당신도 나름의 인생을 지닌 사람이라는 사실을 잊지 말라"라고 당부했다. 십 대들은 감정의 기복이 심하고 마음 내키는 대로 행동하기 마련이다. 자녀의 십 대 시절이야말로 부모에게 가장 힘겨운 시기다. 그때는 지혜로운 관점을 유지하고 부모 스스로 인생을 즐길 줄 알아야 한다. 자녀를 위해 노력하면서 동시에 부모 자신의 삶도 잃어버리지 않기 위해서는 미묘한 균형 잡기가 필요하다. 쉽지는 않지만 불가능한 일도 아니다.

자식들이 커갈수록 그들에게는 부모가 '덜' 필요해진다. 좋게 생각하면 자식들에게 쏟는 시간이 줄어든다는 것은 자신과 배우자 그리고 사랑하는 주변 사람들에게 할애할 시간이 많아진다는 의미다. 이 사실을 깨닫고 자식을 뒷바라지하는 역할에서 벗어나자. 그 시간이 남은 생애 동안 당신이 어떤 사람이 될 것인가에 영향을 미친다.

자녀가 성숙한 성인이 되었음을 알려주는 종소리 같은 것은 없다. 어떤 아이들은 열두 살 때 이미 다 큰 어른처럼 행동하는가 하면, 어떤 아이들은 나이를 먹을 만큼 먹고서도 철부지에서 벗어나지 못한다.

부모와 자녀가 서로 연결된 끈을 좀처럼 끊지 못하는 경우도 있다. 성인이 되어도 부모님 집을 떠나지 않는 경우도 있고 따로 살기는 하지만 이런저런 방식으로 부모님에 묶여 사는 경우도 있다. 우리 집의 경우 아들 잰은 우리와 가깝게 살았던 반면, 딸 캐럴은 대부분의 시간을 떨어져 살았다.

캐럴과 잰은 스스로 생각하고 판단할 줄 아는 아이들이었고 각자의 방식으로 인생을 살았다. 두 아이가 성년을 맞이한 것은 1960년대였는데, 당시 젊은이들 사이에서 큰 화두는 자유연애와 마약 같은 약물이었다. 해리와 나의 젊은 시절과 마찬가지로 전쟁이라는 주제에서도 자유롭지 못했다. 그러던 어느 날 잰이 반전활동에 참여하겠다고 선언했다. 잰은 반전시위에 참여했다가 체포되었다. 해리와 나는 잰의 앞날이 걱정되어 일부러 한동안 구금 상태로 놔두었다가 보석금을 내고 데려왔다. 고생을 해봐야 다시는 그런 일에 가담하지 않을 것 같아서였다. 잰은 그때의 경험이 무척 힘들었던지 이후에도 변함없이 베트남 전쟁에 반대한다는 얘기를 꺼내기는 했지만 반전시위에는 참여하지 않았다.

자녀가 부모 품을 떠날 때 부모는 성장통 비슷한 것을 겪는다. 자녀들이 어렸을 때는 부모가 자녀의 보호막이 되는 것이 당연하지만 자녀가 부모 품을 떠날 때가 되었어도 여전히 그런 태도를 취한다면 문제가 있다. 그리고 자녀가 흥분하는 모습을 보고 싶지 않다면 시시긴긴 자녀의 일에 신경 쓰고 잔소리를 하거나 명령하고 싶은 충동을 억눌러야 한다. 자녀를 보호하고 가르치는 부모의 모습을 벗어나 자녀에게 친구 같은 존재가 되어야 한다. 물론 자녀가 큰 실수를 하려고 하거나 잘못된 길로 빠지려고 하면 주저 없이 나서야 하겠지만 말이다.

부모는 자식 일에 과도하게 간섭했을 때 미안하다고 사과할 줄도 알아야 하지만, 자식이 실수를 하고 위로받고 싶어 할 때는 따듯하게 안아줄 줄도 알아야 한다. 어쩌면 품 안의 자식일 때보다 품을 떠난 자식에게 좋은 부모가 되는 일이 더 어렵지 않을까.

나는 잰의 첫 번째 결혼생활이 파경을 맞았을 때가 가장 속상했다. 잰은 아내와의 사이에 두 딸 킴^{Kim}과 스프링^{Spring}을 두었다. 우리에게는 아주 사랑스러운 손녀들이었다. 해리와 나는 사이가 이미 멀어진 잰 부부가 차라리 헤어지는 것이 두 사람을 위한 길임을 충분히 이해했지만 둘의 이혼이 킴과 스프링에게 어떤 영향을 미칠지 굉장히 걱정이 되었다.

부부가 한시도 같이 살지 못할 만큼 맞지 않거나 공통점이 하나도 없어 힘들다는 것이 어떤 기분일지 해리와 나는 상상하기 힘들었다. 우리는 우리가 공통점이 있는지 여부를 따져본 적이 없었다. 해리와 나는 함께 살고, 먹고, 자고, 걱정을 나누는 모든 시간 동안 그냥 잘 맞았다. 하지만 우리 아들과 며느리는 그렇지 못했다. 둘은 너무 젊은 나이에 결혼했고 나이를 먹을수록 서로 다른 방향을 보고 있다는 사실을 깨달았다. 아마 세월이 흐르면서 서로 맞지 않는 부분을 점점 더 많이 느꼈던 모양이다. 사실 잰은 나이가 육십이 되어서도 여전히 삶의 목표점을 찾으려 애쓰고 있었다. 그런 사람과 같은 길을 걷기는 쉽지 않았을 것이다.

1970년대에는 이혼이 꽤 흔한 일이 되었다. 우리의 친구들 중에도 자식이 이혼한 경우가 있었다. 우리는 잰에게 그 이유를 꼬치꼬치 캐묻지도 탓하지도 않았고 자식들을 위해서라도 헤어지지 말라고 말하지도 않았다. 성인인 자식에게 "이렇게 사는 것이 옳은 거야" 하며 잔소리를 하는 것은 부질없다는 것을 알고 있었다. 부모의 의견을 자식이 귀 담아 들을 수는 있지만, 그에게는 스스로 결정을 내릴 권리가 있다. 설령 부모의 마음에 들지 않는 결정일지라도 말이다. 물론 캐럴이나 잰이 굉장히 잘못된 결정을 내리려는 것처럼 보일 때면 우리의 의견을 납득시키려고 애썼다. 그러나 궁극적으로 자기 인생을 책임져야 하는 사람은 자기 자신이다.

우리는 잰의 이혼이 불가피하다는 것을 깨닫고 나서는 그저 모든 일이 순조롭게 정리되기만을 기도했다. 그리고 손녀들이 도움을 필요로 할 때면 언제든 옆에 있어주려고 노력했다. 두 아이는 많은 시간을 우리와 함께 보냈고 그 시간이 참으로 행복했다. 잰의 이혼은 바람직한 상황이 아니었지만, 우리 가족 모두는 나름대로 최선을 다했다. 결과적으로 나는 손녀들과 굉장히 특별한 유대감을 쌓으며 가까운 사이가 되었다. 그것은 세상 무엇과도 바꿀 수 없는 소중한 선물이었다.

부모라면 언젠가 자식을 떠나보낼 마음의 준비를 해야 한다. 그들은 일단 세상에 나가면 각자 자신의 길을 찾아가기 마련이다. 때로는 부모 입장에서 자식이 선택한 삶을 살아가는 모습이 못마땅하게 느껴질 수도 있다. 그래도 비난하지 말고 그런 자식의 삶도 받아들여야 한다. 당신도 과거에 부모님의 마음에 들지 않는 행동을 했을 것이다. 그럼에도 그분들이 당신의 행동을 묵묵히 받아들였다면, 그것은 결코 당신을 걱정하지 않아서가 아니었다는 사실을 깨닫기 바란다.

내 자식들은 이제 내 곁에 없다. 첫아들 제리는 갓난아기 때 하늘로 떠났고 딸 캐럴과 아들 잰은 2007년에 6개월이라는 시차를 두고 연달아 하늘나라로 떠났다. 자식 세 명의 죽음 모두 예상치 못하게 갑자기 찾아온 터라 충격도 컸다. 해리와 나는 자식들을 모두 먼저 보내게 되리라고는 꿈에도 상상하지 못했다.

해리와 나는 첫째 아들을 잃은 아픔을 잘 극복해서 캐럴과 잰을 먼저 보내는 것이 가슴 아프기는 해도 그 고통을 잘 이겨낼 수 있을 것이라고, 시간이 갈수록 괜찮아질 것이라고 믿었다. 실제로 우리는 잘 이겨냈고 시간이 흐를수록 슬픔의 무게도 조금씩 가벼워졌다. 하지만 여전히 아이들이 그립고 보고 싶다. 언젠가는 그 애들 모두를 다시 만날 수 있겠지.

내 인생 최고의 선물들

나는 엄마로서 살았던 시간이 참 행복했다. 그런데 할머니가 되고 나니, 내가 이 세상에서 진짜 해야 할 일을 찾았다는 느낌이 들었다. 자식을 낳지 않고서는 할머니나 할아버지가 되는 경험을 할 수 없다. 그리고 자식이 아이를 낳느냐 낳지 않느냐에 따라 당신은 조부모가 될 수도, 되지 못할 수도 있다.

설령 당신 팔자에 손주가 없더라도 상심하지 말자. 이 세상에는 할아버지나 할머니가 있었으면 하는 멋진 젊은이들이 굉장히 많으니까. 당신을 지극히 아껴줄 후에 이웃집 아이들이나 대가족 구성원들과 얼마든지 애정 넘치는 관계를 쌓을 수 있다. 또는 청소년들에게 멘토가 되어주는 자원봉사 프로그램에 참여하는 방법도 있다. 나는 친손주들을 두었지만 친손주처럼 가까운 관계를 유지하는 젊은이들도 여럿 있다. 그들 덕분에 내 인생이 얼마나 풍성해졌는지 모른다.

우리에게 손주들이 생긴 것은 정말이지 커다란 축복이었지만, 만일 우리 자식이 아이를 원하지 않았다고 해도 우리는 그 선택을 존중하고 받아들였을 것이다. 이것은 절대 강요할 수 있는 문제가 아니며 지극히 개인적인 사안이기 때문이다. 어떤 사람은 육아에 따르는 경제적인 부담 때문에, 또는 자기 자신을 너무 많이 희생해야 한다는 생각 때문에 아기를 갖지 않는다. 아기를 갖고 싶은데도 불임 때문에 그러지 못하는 경우도 있다. 저마다 원하는 욕구도 다르고 삶의 방식도 다른 만큼 각자의 인생 방식을 존중해주는 것, 사람들을 정해진 원칙의 틀에 가두지 않는 것이 중요하다.

다행히도 우리 아들은 자녀들을 낳았고, 나는 그 아이들과 많은 시간을 함께할 수 있었다. 지나온 삶과 앞으로 남은 삶을 여유 있는 시선으로 바라볼 수 있는, 인생의 늘그막에 작고 귀여운 생명과 교감을 형성한다는 것은 아주 특별하고 빛나는 경험이다. 그것은 비교적 젊은 나이에 아이를 낳고 부모가 되는 것과는 완전히 다른 경험이다. 부모처럼 막중한 책임감에 어깨가 짓눌리는 것도 아니고 대개는 이미 경험이 있기에 잘못해서 아이를 망치거나 실수를 할까 봐 걱정하지 않아도 된다. 걱정과 불안감은 모두 내려놓은 채 아이 키우는 맛을 즐길 수 있다는 이야기다.

대부분의 여자들은 쉰 살이 된다는 상상만으로도 우울해한다. 하지만 나는 그렇지 않았다. 그 무렵에 나는 첫 손녀가 태어나는 날을 얼마 남겨놓지 않은 때라 들뜬 나머지 내 생일도 모르고 그냥 지나갈 뻔했다. 내가 품에 안은 첫 손녀의 이름은 킴이었다. 킴은 내게 최고의 생일 선물이었다.

아기가 다시 생기자 집안 분위기가 갑자기 행복한 소음으로 가득해졌다. 킴이 말을 하기 시작한 후로는 더 진한 행복이 내게 다가왔다. 킴은 생각이나 꿈을 스스럼없이 나에게 털어놓았고 나는 킴의 이야기를 듣는 시간이 정말로 즐거웠다. 킴과 내가 왜 그렇게 유달리 친밀하고 정겨운 사이가 되었는지는 잘 모르겠지만, 어쨌든 우리는 그런 할머니와 손녀가 되었다. 나는 킴이 자라는 동안 그 애의 인생에서 대단히 중요한 역할을 하는 영광을 입었다. 킴이 학교에 입학하는 날, 수영을 처음 배운 날 등등 그 아이 인생의 중요한 시점마다 늘 내가 곁에 있었기 때문에, 킴은 나를 마치 또 다른 부모처럼 느꼈다.

킴은 아주 세련되고 똑똑한 여성이다. 아는 것도 많고 마음이 유약하지도 않다. 또 쉽게 남의 의견에 휘둘리지 않을 만큼 소신도 강하다. 킴은 대단히 곧고 바른 아이이며, 나는 킴의 의견을 항상 존중한다. 킴은 자기가 품는 수많은 의문의 대답을 언제나 나에게서 들을 수 있다고 믿었다. 그래서 나는 그 아이를 실망시키지 않으려고 언제나 최선을 다했다.

킴이 태어나고 얼마 후 여동생 스프링이 태어났다. 스프링은 몹시 예쁘고 사랑스러운 아이다. 굉장히 유쾌하고 매력적인데 자신을 늘 긍정적으로 바라보는 아주 좋은 장점을 지녔다. 스프링은 진지한 성격은 아니지만 킴 못지않게 총명하다. 나는 현재에 충실하며 지금을 즐길 줄 아는 스프링의 태도가 아주 마음에 든다. 스프링 역시 나와 유대감이 끈끈하기에, 나는 그 애를 항상 내 딸처럼 여겼고 엄마처럼 챙겨주려고 노력했다. 스프링의 부모인 잰 부부가 끝까지 안정된 결혼생활을 하지 못했기에, 그 빈자리를 메꿔주는 것이 나와 해리의 역할이었다. 이혼이라는 불행한 사건이 만들어놓은 상황이었지만, 우리는 기꺼이 손녀들의 인생에 들어갔고 그 애들을 도와주면서 말할 수 없는 뿌듯함을 느꼈다.

20년이 지난 후에 잰은 재혼을 해 아이를 더 낳았다. 그 덕분에 내게는 손녀가 또 한 명 생겼다. 그 아이가 친타 티나^{Chinta Tina}이다. 티나는 우리 어머니의 이름을 따서 지은 이름이다. 친타는 사랑스러운 아이이며 조용하면서도 다정한 성격이다. 속마음이

나 감정을 쉽게 드러내지는 않지만, 인생을 몽땅 맡겨도 안심이 될 만큼 신뢰가 가는 타입이다. 친타는 남을 섣불리 판단하지 않고 거짓말을 할 줄 모르며, 허풍을 떠는 일도 절대 없다.

그리고 잘생긴 손자 녀석들이 넷이나 생겼다. 남자아이들 중에 첫째인 모건^{Morgan}은 굉장히 총명한 데다 예술적 열정이 남다르다. 모건은 남다른 책임감으로 동생들을 거느리는 리더 역할을 훌륭하게 수행했다. 로빈^{Robin}은 세쌍둥이 중에 맏이인데, 남의 말을 귀 기울여 들을 줄 아는 배려심과 뛰어난 유머감각까지 갖추고 있다. 로빈의 쌍둥이 동생 딜런^{Dylan}은 내성적이고 생각이 깊다. 해리슨^{Harrison}은 세쌍둥이 중 막내로 늘 형들을 닮고 싶어 한다. 녀석은 정이 많고 도전하는 것을 좋아하며 자기 감정을 잘 다스릴 줄 안다.

손주들 덕분에 우리는 젊게 살 수 있었다. 비록 내 몸이 청춘으로 돌아갈 수는 없었지만, 그 애들과 늘 소통하고 교감하면서 젊은 기분을 느낄 수 있었다. 또 어린아이가 곁에 없었다면 상상조차 못했을 여러 재미나고 기발한 놀이도 해볼 수 있었다. 일요일자 신문의 만화에 실린 퍼티^{Silly Putty}(장난감 찰흙의 일종 — 옮긴이)를 꾹 눌러서 그대로 본뜨기, 미니 골프 하기, 마시멜로를 전자레인지에 돌리면 어떻게 되는지 지켜보기 등 실로 나양했다.

아이들이란 원래 호기심과 에너지가 넘친다. 재미난 질문을 쏟아내고 생기가 가득하고 얼굴에서 웃음이 떠나지를 않고 그 앙증맞은 팔로 상대방을 온 힘을 다해 껴안고 귀찮을 만큼 입 맞춤을 퍼부어대곤 한다. 아이들은 어른의 야단스러운 애정표현도 마다하지 않고 받아들인다. 내 손주들은 전부 예의 바르고 착실하게 잘 자라주었다. 그러니 내가 어찌 그 애들의 팬이 되지 않을 수 있겠는가?

어떤 사람들은 자식들을 다 키워놓고 나면 집안의 다른 어린아이들은 책임지고 보살피지 않아도 된다고 생각한다. 하지만 나는 손자 손녀들을 돌보는 것을 부담이나 짐으로 느낀 적이 한 번도 없었다. 나는 어떤 의무감 때문이 아니라 정말로 가슴에서 우러나와서 그 아이들과 함께 시간을 보냈다. 오십 대 때도 그리고 그보다 훨씬 나이가 먹었을 때도 나는 좋은 할머니가 되려고 최대한 노력했다. 또 사랑하는 손자 손녀들이 전부 멋지게 자립하여 세상에서 각자 자리를 찾을 수 있기를 기도했다. 그것이야말로 할머니에게는 가장 커다란 보람이니까.

이따금 사람들이 내게 좋은 할머니가 되는 비결이 무엇이냐고 묻는다. 그렇게 묻는 사람은 대개 아직 손주가 없다. 손주가 있는 사람이라면 그런 비결 같은 것은 없다는 것을 알 것이다. 좋은 할머니 또는 할아버지가 해야 할 일은 무척 간단하다. 손주들한테 아낌없이 사랑을 주고 마음을 다해 보살피고 그들을 응원하고 그들의 존재에 감사하고 기뻐하는 것이다. 그 애들의 관점을 받아들이고 인내심을 갖고 그들의 말에 귀 기울여주고 항상 진실하고 정직해야 한다. 아이들은 어른의 거짓말을 귀신같이 알아챈다.

아이들은 때때로 어른을 당혹스럽게 만드는 말을 천진난만하게 불쑥 내뱉기도 한다. 그럴 때마다 나는 오히려 몹시 재미있었다. 그 내용이 나를 겨냥한 짓궂은 우스갯소리라도 말이다. 어린아이들은 부끄러움을 모르고 남의 이목도 의식하지 않는다. 나는 그런 아이들이 정말 예쁘다.

페이스북 친구 한 명이 손자들과 멀리 떨어져서 살고 있는데 어떻게 하면 좋은 할머니 노릇을 할 수 있겠느냐고 물어왔다. 나는 그녀에게 당장 우체국에 가서 편지를 부치라고 했다. 할머니가 직접 손 글씨로 적어 내려간 편지를 말이다. 그것은 손자들이 또다시 받아보기를 고대하는 아주 특별하고 소중한 선물이 된다. 특히나 각종 전자기기로 메시지 주고받기가 보편화된 요즘 같은 시대에는 더욱 그렇다. 전화를 걸어 서로의 근황을 묻고 수다를 떠는 것도 모두에게 특별한 시간이 될 수 있

다. 수화기 너머로 서로의 음성을 듣는 것도, 손으로 감촉을 느
낄 수 있는 편지를 받는 것도 서로간의 유대감을 키워준다. 그
리고 통화를 하는 동안에는 손자나 손녀의 말에 진심을 다해
귀를 기울이고 당신이 그 애를 얼마나 사랑하는지 느끼게 해주
자. 나는 물리적인 거리가 조부모와 손자 손녀 사이의 유대감
을 허물어뜨리는 방해물이 될 수 없다고 믿는다. 당신이 가족
과 손주들을 소중한 존재로 여기는 한, 당신은 언제까지나 그
들의 할머니로 남을 것이다.

　손주들이 어렸을 때는 예쁜 아이들을 보는 맛에 세월이 정신없
이 흘러갔다. 하지만 나도 그 아이들도 나이를 먹어가면 우리의
관계는 어떻게 변할까 하는 물음표에 대해서는 깊게 생각해본 적
이 없었다. 다만 이런 생각은 했었다. '손녀들을 내 딸처럼 여기기
는 하지만 그 애들이 나를 엄마처럼 생각하지는 않을 거야. 또 내
게 도움이 필요할 때 그 애들이 희생까지 감수하지는 않을 거야.'
　나는 자식들 전부를 앞세우게 될 줄은 정말 꿈에도 몰랐다. 하
지만 그런 일은 실제로 일어났고 놀랍게도 어느 날 우리 부부
에게 새로 '큰 아이'가 생겼다. 바로 아버지를 하늘로 떠나보낸
킴이었다. 그때 킴은 마흔이었고 남편 리처드Richard와 결혼한 지
얼마 되지 않았을 때였다. 킴과 리처드 그리고 킴의 여동생 친

타는 해리와 내가 이런저런 상황 때문에 도움이 필요할 때마다 항상 발 벗고 나서서 우리를 도와주었다. 우리는 그 애들에게 고마움을 숨기지 않고 표현했다.

우리 가족의 모습은 세월이 흘러 그렇게 변화했다. 해리와 나는 어린 손자 손녀들이 버릇없는 응석받이가 되지 않도록 돌보았고 세월이 흘러 우리에게 도움이 필요해지자 그 애들이 기꺼이 자신을 내어주었다. 우리는 그 아이들에게 베푼 사랑을 고스란히 돌려받은 것이다.

나이 들어서 도움이 필요할 때 누군가에게 의지하기를 두려워하지 말기 바란다. 당신만큼, 아니 당신보다 더 강인한 사람들이 가까운 곳에 있다는 사실을 깨닫게 될 것이다. 그리고 아무리 힘들고 복잡한 문제가 닥쳐도 사랑의 힘만 있으면 해답을 찾을 수 있다.

가족, 그것은 당신의 인생을 더없이 빛나게 만들어줄 수 있는 무엇이다. 부디 서로긴의 끈끈한 애정과 신뢰로 뭉쳐진 가정을 일구기를 바란다. 그런 가족들과 함께라면 세상의 그 어떤 풍파도 모두 헤쳐나갈 수 있다.

아주 오래전에 로버트 루이스 스티븐슨Robert Louis Stevenson이 한 말이 있다.

"이 세상은 온갖 것들로 가득 차 있다. 그러니 우리 모두는 왕처럼 행복해야 마땅하지 않겠는가."

당신이 운이 좋다면, 어느 날 아침 문득 이제 청춘이 아니라는 사실을 깨닫게 될 것이다. 그래도 우울해할 필요는 없다. '늙은 것'이 아니라 '보너스 인생'의 시기에 들어선 것이니까. 해리와 나는 '보너스 인생'을 정말 즐겁게 보냈다. 자식들도 제 갈 길을 찾아갔으니 우리는 홀가분하게 여행을 다녔으며 도움이 필요한 손자 손녀들을 도와주었다.

보너스 인생은 오랜 세월 동안 자신의 삶을 규정지었던 트랙에서 내려서는 시간이다. 부모님이나 선생님을 기쁘게 해주려 애쓰지 않아도 되고 갓난아기에게 매달려 있지 않아도 되며, 가게에 찾아오는 손님들을 상대할 필요도 없었다. 시간은 온전히 우리만의 것이었고 남은 인생의 모양과 색깔이 어떻게 될 것인가도 우리에게 달려 있었다. 그저 소파에만 앉아 빈둥거려도 되었지만, 그렇게 하면 나중에 후회할 것 같았다.

인생은 제 발로 찾아와 멋진 시간을 선물해주지 않는다. 우리가 직접 밖에 나가 멋진 시간과 경험을 찾아다녀야 한다. 해리와 나는 은퇴 이후, 인생의 전환기를 맞는다는 생각에 가슴이 설레었다. 젊었을 때는 시간과 에너지와 돈이 부족해서 하지 못했던 수많은 것들을 이제 할 수 있다는 기대감 때문이었다.

사실 나는 꽤 오랜 세월 동안 일을 했기 때문에 은퇴 이후의 시간에 적응하는 데 시간이 조금 걸렸다. 하지만 우리는 곧 리듬을 찾았다. 하루 종일 집 안에 함께 있으면 어김없이 싸우거나 서로의 신경을 긁는 부부들도 있겠지만 해리와 나는 선혀 그렇지 않았다. 사실 우리 둘이 집에 함께 있는 시간도 그렇게 많지는 않았다. 해리는 근질거려서 집에 가만히 있지 못하는 스타일이었다. 골프를 치거나, 낚시를 하거나, 보트를 타거나, 테니스를 쳤다. 생계 때문에 부지런히 일하던 시기에는 자주 즐기지 못했던 활동이었다. 당연히 한창 때보다야 체력이 뒤떨어졌지만, 바깥에 니가 몸을 움직여 무엇이든 하는 것을 항상 즐겼다.

나는 육체적인 에너지가 많이 필요하지 않은 활동들에 건념했다. 자원봉사 활동을 했고 친구들과 시간을 보냈으며 값싸고 질 좋은 물건을 찾아 여기저기 쇼핑을 다녔다. 그리고 손자 손녀들을 돌보기도 했다. 생각해보면 내가 가장 좋아하는 것은 결국 사람들을 만나는 일이었다. 나는 언제나 사람들과 교류하고 소통하는 시간을 즐거워했다. 그래서 해리가 밖에 나가 있을 때면 나는 누군가를 만나 시간을 보내곤 했다. 그런 의미에서 내 삶은 풍성했다.

각자의 취미도 취미였지만, 해리와 나는 은퇴 이후에도 예전과 다름없이 많은 시간을 함께 보냈다. 은퇴한 노부부는 함께하는 시간을 자주 갖지 않으면 상대방이 자신에게 어떤 존재인지 잊기 쉽다. 두 사람의 관계가 시들해지지 않고 사랑의 불꽃을 계속 타오르도록 하려면 공통의 관심사나 취미는 하나쯤 있는 것이 좋다. 그러니 부부가 함께할 수 있는 무언가를 지금이라도 당장 나가서 찾아보자. 카드 게임, 산책, 박물관 구경, 탐험 여행, 마주보고 앉아 식사하면서 대화하기 등등 무엇이라도 좋다. 세상에서 할 수 있는 일은 무궁무진하다. 그러니 배우자와 함께 마음껏 즐기자.

그리고 사람들과 관계를 유지하는 것도 대단히 중요하다. 사랑하는 배우자도 물론 중요하지만, 배우자 외에 속마음을 털어놓을 수 있는 사람들도 있어야 한다. 너무 바빠서 친구들에게 소홀해지는 실수를 저지르지 말자. 그렇게 지내다가, 어느 날 문득 곁에 친구가 하나도 남아 있지 않다는 사실을 깨닫고 놀라게 될지도 모른다.

해리와 나는 수년 동안 오전마다 친구들과 '커피 모임'을 가졌다. 간단한 아침식사를 함께하고 커피도 마시면서 이런저런 이야기꽃을 피우는 자리였다. 열댓 명 정도가 참석했는데 대부분 결혼한 커플이었다가 나중에는 싱글인 친구들도 몇 명 합류했다. 최근에 다녀온 여행, 의사에게 진료 받은 일 등등 우리의 화젯거리에는 끝이 없었다. 특별히 약속 날짜를 정하지 않아도 오전이면 언제나 친구들 얼굴을 볼 수 있었다. 우리 모두에게 그것은 하루를 시작하는 아주 멋진 방법이었다. 사실 은퇴한 후에는 하루하루가 파티처럼 즐거운 날들이 되어야 하지 않겠는가?

나는 내가 구십 대까지 살게 될 것이라고는 생각하지 못했다. 이 나이가 되고 보니, 살아있다는 것이 특권이자 커다란 기쁨이라는 사실을 본능적으로 깨달았다. 그래서 나를 둘러싼 세상과 연결된 끈을 놓지 않으려고, 세상과 소통하려고 항상 노력했다. 나는 따분한 권태에 붙들고 싶지도, 남들에게 따분한 사람이 되고 싶지도 않았다.

나중에, 혹은 은퇴 이후에 인생을 즐기겠다고 미루지 말자. 나처럼 늙어 몸이 마음처럼 움직이지 않는 할머니가 되어도 따분하다고 툴툴거리며 앉아만 있기에는 이 세상에 재미있고 멋진 일들이 많다. 하루하루를 최대한 알차게 채우면서 살면 인생의 여러 단계를 거치더라도 한 가지만은 변함없음을 깨닫게 될 것이다. 바로 자신의 모습과 현재의 위치에 만족하고 설레는 마음으로 미래를 기대하는 당신 말이다.

함께 늙어간다는 것

늙어간다는 것은 흥미롭고도 묘한 경험이다. '경로 우대증'을 가지고 있냐는 질문을 맨 처음 받는 순간에는 "내가 어디 그런 나이로 보이느냐!"고 버럭 화를 내며 할인되지 않은 금액을 카운터에 탁 던지고 싶을지도 모른다. 그러나 시간이 흐르면 노인으로 살아가는 것에 점점 익숙해진다.

일단 노인이 된 모습을 편안하게 받아들이고 인정하면 좋은 점이 꽤 많다. 경로 우대증을 제시하고 할인이나 무료 혜택을 받는 것은 물론이요, 건물을 드나들 때도 사람들이 나를 위해 문을 잡아준다. 또 무거운 짐을 들어주겠다고 자청하기도 한다. 젊었을 때는 슈퍼맨이나 슈퍼우먼처럼 힘든 일을 직접 해야 한다고 생각했을지 몰라도, 나이 먹고 기력이 떨어지면 적당히 남의 도움을 받을 줄도 알게 된다.

또 헤어스타일이나 몸매에 신경 쓰며 전전긍긍했던 것도 내려놓게 된다. 잡지나 텔레비전에 나오는 '몸짱' 젊은이처럼 변신하는 것은 어차피 불가능하다는 것을 잘 아니까 말이다. 탄력을 잃은 피부도 자연스럽게 받아들이게 되고 더 관대한 태도로 사람들을 바라볼 줄도 알게 된다. 무례하거나 짜증나는 누군가를 보았을 때 따끔한 쓴소리도 주저 없이 하게 된다. 그리고 애써 남들에게 무언가를 입증할 필요 없이, 있는 그대로 살아가는 데 만족하게 된다.

나는 젊었을 때 '내가 쭈글쭈글 할망구가 되어도 여전히 해리가 나를 매력적이라고 느낄까?' 하고 종종 생각했다. 또 해리가 늙으면 그를 사랑하는 내 감정이 시들해질까 봐 살짝 염려도 되었다. 그러나 다 쓸데없는 걱정이었다. 세월이 흐르면서 더 뚱뚱해지거나 야위어도, 머리숱이 적어지거나 특정 부분에서 털이 자라도, 서로에 대한 우리의 사랑은 변함이 없었다.
세상 사람들에게 해리는 그저 배 나오고 머리 벗겨진 늙은이였을지 몰라도, 내 눈에는 언제나 '사랑스러운 그이'였다. 만일 타임머신을 타고 과거로 날아가 젊은 시절의 나에게 해리의 늙은 모습을 찍은 사진을 보여준다면, 내가 해리를 알아볼 수 있을지 잘 모르겠다. 어쩌면 "해리의 증조할아버지인가요?"라고 되물을지도.

 믿기지 않겠지만 해리는 평생 동안 변함없이 얼굴을 유지했다. 청년일 때도, 중년일 때도, 노신사일 때도 잘생긴 '훈남'이었다. 게다가 성격도 모난 데 없이 좋았다. 친절하고 성격 좋은 사람은 훨씬 더 멋있어 보이는 법이다. 나는 해리의 얼굴에 싫증난 적이 한 번도 없었다. 사랑하는 사람과의 관계가 성숙해지면 상대방에게 느끼는 매력도 더 커지는 것 같다. 두 사람은 서로에게 마치 오래된 신발 같은 존재가 된다. 화려하지도 완벽하지도 않지만 나에게는 세상 그 어떤 것보다 편안한 신발처럼 말이다.

 늙어간다는 것이 겁이 날 수도 있다. 그러나 하루하루를 충실하게 살다 보면 삶의 황혼으로 향해가는 변화에 자연스럽게 익숙해지기 마련이다. 사랑하는 친구와 가족들이 있다면, 당신 자신을 사랑할 수 있다면, 다른 사람들을 도우면서 일상을 채워간다면, 늙어간다는 사실은 까맣게 잊고 삶 자체를 살아가는 데 집중할 수 있다. 그러다 어느 날 문득 거울 속의 자신을 보고 '아, 내가 벌써 아흔 넷이네' 하고 깨닫게 된다.

 해리와 나의 경우 늙어가면서 생활방식을 바꿔야 한다는 사실이 가장 어려웠다. 노인들은 나름대로 굳어진 자신들만의 생활방식이 있는데 그것을 언제까지고 유지할 수 있다고 생각한다.

하지만 그러다가는 작고 사소한 문제가 만만치 않은 문제로 악
화될 수도 있다. 때로는 불길한 조짐을 미처 알아채기도 전에 불
행한 일이 일어나기도 한다. 우리의 경우에는 운전이 그랬다. 우
리는 젊었을 때부터 운전을 많이 해왔기 때문에, 아들네 가족을
만나러 갔다가 돌아오는 왕복 240킬로미터쯤은 아무것도 아니
라고 생각했다. 로스앤젤레스에서 오래 산 사람에게 장거리 운
전은 예삿일이었으니 말이다. 그런데 어느 날 저녁, 아들네 가
족을 만나고 집으로 돌아오는 길에 자동차 사고가 나고 말았다.
천만다행으로 큰 사고는 아니었지만 자칫 잘못했다가는 목숨을
잃거나 다른 누군가를 다치게 만들었을 수도 있었다.

그 사고 이후, 우리는 장거리 운전을 하고 아이들과 놀아주고
푸짐한 음식을 먹고 나서 다시 차를 몰고 집에 돌아오는 일이
무리라는 사실을 깨달았다. 그래서 운전하는 시간을 줄였고 애
들이 우리를 보러 찾아오거나 애들과 중간지점쯤에서 만나는
일이 더 많아졌다.

우리처럼 나이 듦을 자각하지 못한 채 실수를 저지르지 말길
바란다. 만일 무언가가 너무 버겁거나 무리라고 느껴지면 그 사
실을 빨리 받아들이고 도움을 청하자. 다른 누군가에게 도움이
나 배려를 청하는 것은 절대 부끄러운 일이 아니다. 그럼으로써
당신의 삶이 편해지고 세상이 더 안전하게 된다면 말이다.

해리와 내가 그 사고를 계기로 삶의 방식을 완전히 바꾸지는 않았다. 늙은 우리가 감당하기 힘들어진 것은 많았지만, 해리와 나는 그런 것들을 인정하고 싶지 않았다. 큰손녀인 킴도 우리가 일상 생활을 해나가는 데 도움이 필요하다는 사실을 깨닫고 우리를 설득하려고 했지만 우리는 들으려고 하지 않았다. 우리는 아무 문제없으니 괜찮다고, 얼마든지 잘 지낼 수 있다고 고집을 부렸다. 그러다 보니 우리 부부와 킴 사이에 말다툼도 몇 번 오고 갔고 모두 지쳐버리고 말았다.

그러다 우리는 또 다른 위기를 맞게 되었다. 내게 갑자기 심근경색이 찾아온 데다 딸 캐럴이 세상을 떠났다. 그로부터 불과 몇 개월 후에 아들 잰도 하늘나라로 갔다. 둘 다 너무 갑작스럽게 우리의 곁을 떠났다. 해리와 나는 한동안 충격에서 헤어나지 못했다. 당시 해리도 건강이 그다지 좋지 못해서 나를 세심하게 돌봐줄 수 있는 상태가 아니었다. 그럼에도 우리는 우리를 도와줄 전문 도우미를 집에 들이는 것에 반대했다. 낯선 사람과 한집에 산다는 것이 영 찜찜하고 불안했고, 불필요한 돈을 낭비한다는 생각이 들어서였다. 무엇보다도 우리 집에서 우리만의 힘으로 생활할 수 없다는 사실을 인정하기 싫었다.

솔직히 말해 우리의 노력만으로는 충분하지가 않았다. 나는 몸무게가 많이 줄었고 심장약을 챙겨먹지 못해 걸핏하면 잊어버렸다. 해리는 집 안에서 여러 번 넘어졌는데 그럴 때마다 혼자 힘으로 일어나기 힘들어했다. 그렇다고 내가 일으켜 세워줄 수도 없었다. 나는 전화 통화를 한 다음에 수화기를 올려놓아야 한다는 것을 자주 잊었다. 그러면 가족들 중 누군가가 걱정이 돼서 신고하는 바람에 동네 안전 요원이 확인하러 찾아오곤 했다. 그런 일들은 계속해서 발생했다. 어쩌면 나도 모르게 내 무의식이 "우리 좀 도와주세요!" 하는 메시지를 보내고 싶었던 것이지도 모르겠다.

해리와 나는 이제 예전의 우리가 아니었지만 그 사실을 믿을 수 없었다. 아니, 어쩌면 믿고 싶지 않았던 것인지도 모른다. 그냥 두 눈을 질끈 감은 채 현실을 외면하는 것이, 우리에게 아무 문제가 없다고 믿는 것보다 더 쉬워 보였다. 하지만 "괜찮아, 문제없어" 하고 계속 말하는 우리의 목소리에는 더 이상 자신감이 묻어나지 않았다. 우리는 '괜찮지 않다'는 사실을 인정해야만 했다. 그러나 어떻게 도움을 청해야 할지 막막했다.

결국 손자 손녀들이 우리 대신 결단을 내렸고 우리를 은퇴자 보호주거단지로 이사시켰다. 처음에는 그곳이 달갑지 않았지만 막상 살아보니 아주 괜찮았다. 우리는 그 멋진 새 보금자리에 우리가 아끼고 좋아하는 물건도 많이 가져갔다. 신혼 시절로 돌아간 기분마저 들었다. 무척 마음에 들었던 것 중 하나는 로스앤젤레스 강^{the Los Angeles River}을 가로지르는 유서 깊은 다리가 내려다보이는, 기막히게 멋진 풍경이었다. 그리고 문을 열고 들어가는 커다란 벽장이 두 개나 있는 것도 좋았다. 하나는 내 잡동사니들을, 다른 하나는 해리의 물건들을 넣는 데 사용했다.

이제 여기저기 손을 보거나 보살펴야 하는 집은 없어졌지만, 그래도 해리는 작은 연장세트를 챙겨갔다. 나는 연장을 들고 벽장 안에서 무언가를 하고 있는 해리의 모습을 자주 볼 수 있었다. 항상 차고에서 무엇인가 만지작거리고 뚝딱거리길 좋아했던 그였으니 그 기분을 느껴보고 싶었던 것이리라.

그곳에서의 생활은 우리의 늘그막 인생에 또 다른 변화를 가져다주었다. 이제 이런저런 책무들에서 자유로워진 우리는 그저 서로만을 바라보며 삶을 즐길 수 있었다. 장을 보러 갈 필요도, 식사 준비로 고민할 필요도 없었다. 그 대신 누군가 우리 방에 찾아와 식사 시간이라고 알려주면, 안락하게 꾸며진 식당으로 내려가 친근한 사람들과 함께 앉아 맛있게 먹으면 그만이었다. 약을 먹었는지 기억하려 애쓸 필요도 없었다. 간호사들이 약을 제때 챙겨주었고 혈압을 재주었고 감기에 걸렸을 때도 잘 돌봐주었다. 마음 놓고 잠을 청할 수 있는 주거공간과 맛있는 음식과 따뜻한 사람들이 있는데, 무엇을 더 바란단 말인가? 그것만 있어도 우리는 만족하며 살 수 있었다.

　가장 반가운 변화는 손녀들과의 관계에 있었다. 이제 좀 더 가까운 곳에 살게 되었으니 훨씬 더 자주 얼굴을 볼 수 있었다. 예전에는 그 애들이 우리 집에 올 때마다 우리가 부탁한 이런저런 것들을 챙겨오고 우리 집에 생긴 문제를 해결해주느라 고생했지만, 이제는 아무 신경 쓸 필요 없이 편하게 놀다 갈 수 있었다. 시간 여유가 많아진 우리는 손녀들과 함께 'The OGs' 블로그를 시작했다. 당신이 지금 손에 든 이 책의 출발점이 된 블로그 말이다.

　해리와 나는 우리가 노후 계획을 든든하게 잘 세워놓았다고 믿었다. 우리는 은퇴하고 나서 벤투라 카운티Ventura County의 노인 전용 주거 지역인 레저 빌리지Leisure Village에 집을 한 채 장만했다. 우리의 마음에 쏙 드는 멋진 집이었다. 그 동네에는 내가 수중 에어로빅을 할 수 있는 커다란 수영장도 있었고 해리가 즐길 수 있는 골프 코스와 테니스장도 갖추어져 있었다. 또 도서관, 연극 프로그램, 텔레비전 스튜디오도 있었다. 우리는 그곳에 살면서 친구도 많이 사귀었기 때문에 카드 게임을 할 때나 저녁 식사 자리에 함께할 친구들이 부족할까 봐 걱정할 일은 없었다.

　그런데 우리가 그 지역에서도 최고령 층에 속하는 나이에 접어들자, 레저 빌리지는 우리에게 최적의 거주지가 되지 못했다. 체력이 팔팔했을 때는 만족스럽기만 했던 거주형태가 시간이 갈수록 버거워졌다. 집 안팎을 깨끗하게 유지하는 일도, 하루 세끼를 제대로 챙겨먹는 것도 힘들어졌다. 해리가 운전을 손에서 놓은 상태였고 나도 건강이 좋지 않았기 때문에 장을 보러 가거나 병원에 가야 할 때면 뜨거운 햇볕이 내리쬐는 길거리에서 노인 전용 밴이 오기를 기다려야 했다. 노인 전용 밴을 부르고 기다리는 일은 아주 귀찮아서 때로는 그냥 외출을 포기하고 싶어질 정도였다.

 작은 문제들을 방치하면 생각지도 못한 방향으로 문제가 악화될 수 있다. 운전대에서 손을 놓고 택시 타는 것도 싫어지기 시작하면 장 보러 가는 횟수가 준다. 영양가 있는 음식을 충분히 먹지 못하면 살이 빠져 몸이 마른다. 몸이 야위고 힘이 없어져 어딘가에 무릎을 세게 부딪치면 심각한 타박상을 입는다. 그리고 무릎 통증이 심해지면 매일 하던 운동도 거르고 바깥 활동도 줄게 된다. 그 대신 집에 죽치고 앉아서 텔레비전만 보기 시작한다. 그러다 보면 자기도 모르게 우울하고 나약하고 외로운 노인으로 변해간다. 그즈음이 되면 애초에 운전대에서 손을 놓고 택시 타기도 싫어했던 것이 문제의 발단이었다는 사실은 까맣게 잊어버리고 만다.

해리와 나는 레저 빌리지의 집을 떠나면서 우리를 힘들게 했던 여러 문제에서 벗어날 수 있었다. 그 덕분에 한동안 상상하지 못했던 방식으로 우리 둘만의 삶을 즐길 수 있었다. 우리의 생활은 한결 편해지고 밝아졌다.

만일 과거로 돌아가 지금보다 조금 덜 나이를 먹은 나를 만날 수 있다면 나는 해리와 내가 아주 많이 늙었을 때를 대비해 계획을 세워두어야 한다고, 적절한 때에 삶의 방식을 정비하라고 말해주고 싶다. 또 그때로 돌아간다면 우리를 위한 최선의 길이 무엇인지 해리와 상의해 결정한 다음 그 결정을 다른 가족들에게도 충분히 이야기하고 동의를 얻을 것이다. 그리고 타인의 도움을 더 많이 기꺼이 받아들일 것이다. 남의 도움이 필요할 때 그것을 기꺼이 받아들여야만 오히려 자신의 인생을 제대로 통제하며 잘 살아갈 수가 있다.

해리와 나는 우리에게 남은 시간이 아주 많을 것이라고 기대하지 않았었다. 그런데 우리도 모르는 사이에 '장수'라는 말을 듣는 나이가 되었다. 해리의 부모님은 해리가 결혼하기 전에 돌아가셨다. 내 어머니는 여든 살까지, 아버지는 일흔여섯까지 사셨다. 어머니는 아버지가 돌아가시고 나서야 그동안 사셨던 넓은 집을 떠나 아파트로 이사하셨다. 그런 모습들을 봐서인지, 해리와 나는 둘 다 살아있는 동안에는 우리 집에서 아무 문제없이 살 수 있을 것이라고 막연히 생각했다.

　서로 말로 표현한 적은 없었지만, 우리도 여든 살 근처까지는 살지 않을까 하고 막연히 짐작했었다. 그런데 웬걸, 우리 집을 떠나 은퇴자 보호주거단지로 옮겼을 때 해리는 아흔여섯, 나는 아흔하나였다! 그러니 당신 앞에 생이 얼마나 남아있을지, 어떤 앞날이 당신을 기다리고 있을지 섣불리 예상하거나 속단해서는 안 된다.

　현대 의학이 믿기지 않을 만큼 놀라운 수준에 도달했음을 감안하면 당신은 백 살 아니 그보다 훨씬 더 오래 살 수도 있다. 그러므로 초고령자로 장수할 가능성에 대비해 미리 계획을 세워두기 바란다. 그 나이까지 살게 된다면 부디 내가 했던 조언들을 실천에 옮기고 시대에 뒤떨어지지 않는 행복한 노인이 되기를 바란다. 당신은 충분히 그럴 자격이 있으니까!

나는 행복하다

이만큼 나이를 먹고 나니 나는 떠들어대는 확성기가 아니라 들어주는 수화기 같은 사람이 되었다. 그저 차분히 앉아서 세상

돌아가는 모습을 지켜보고 또 종종 도움을 청하는 이들에게 조언을 들려주는 지금의 삶이 퍽 만족스럽다. 노인이 되면 승려와 비슷한 면모를 갖게 되는 것 같다. 느긋한 인내심을 발휘하게 되었고 깨어있는 동안에는 항상 무엇이라도 해야 한다는 강박 관념도 없어졌다.

나는 행복하다. 아흔을 넘어 백 살을 향해 가고 있는 이 나이에도, 나를 필요로 하는 사람들이 많아서다. 해리와 나의 오랜 사랑이 인터넷에 알려진 후 사람들에게 조언을 해주자고 제안한 것은 손녀들이었다. 손녀들의 제안에 처음에는 약간 회의적이었지만, 지금은 '손녀들이 나를 아주 잘 알기에 했던 제안이었구나' 싶다. 세상 사람들의 고민을 듣다 보면 해법으로 여겨지는 것들이 거의 직감적으로 내 입에서 튀어나온다. 왜 그런지는 꼭 집어 설명하기 힘들지만 이 늙은이의 머릿속은 해답으로 가득 차 있는 모양이다. 당신도 언제든 인터넷에 접속하면 나를 만나볼 수 있다. 세상의 수많은 엄마와 아빠와 딸과 아들이 남긴 글을 읽고 그들이 힘을 얻어 내일을 살아갈 수 있도록 지혜로운 조언을 해주리고 애쓰는 내 모습을 말이다.

손자 손녀들은 할머니가 이제 유명인사가 다 되었다고 호들갑이다. 내가 영국해협을 헤엄쳐서 건넌 것도 아니고 에베레스트 등정에 성공한 것도 아닌데 말이다. 유명해진다고 내가 다른 사람이 되는 것은 더더욱 아니다. 커피에 타는 크림 양도 예전과 똑같고 밥 먹을 때 쓰는 포크도 바뀌지 않았다. 물론 해리도 나도 행복한 부부라는 사실이 세상에 알려지고 축하받는 것이 은근히 기분 좋기는 했다. 결혼한 부부가 한평생 같이 산 것이 뭐 그리 대단한 일인가 싶기도 했지만, 유명해지는 것은 기분 좋은 일 아니던가? 그리고 유명인사가 되는 것도 한 번쯤 해볼 만한 경험이라는 생각이 든다. 식당에 밥을 먹으러 갔다가 사람들이 우리를 알아본 적이 몇 번이나 있었는데 꽤 괜찮은 추억이었다. 우리를 알아본 사람이 종업원인 경우에는 후식 아이스크림에 초콜릿을 듬뿍 올려줬으니까.

내 팬들이 내 말을 매우 진지하게 받아들이는 것을 보면 조언자는 랍비나 의사와 비슷한 존재라는 생각이 든다. 고민을 털어놓은 사람이 조언을 듣고 따르다가 상황이 더 악화될 수도 있으므로, 절대로 경솔하게 답변해서는 안 된다. 설령 그 고민이 우스꽝스럽고 어이없게 느껴지거나 짜증을 유발할지라도 말이다. 고민을 들어주는 사람은 이성적인 사고와 현실 감각을 갖추어야 한다. 또 대개 한쪽의 이야기만 듣고 있다는 사실을 유념해 편견 없이 공정한 태도를 유지해야 한다.

어떤 이들은 격무에 시달리는 생활이 너무 힘들다거나 결혼 생활의 이런저런 문제를 토로하는 등 흔한 고민을 들고 온다. 그런가 하면 나로서는 처음 들어보는 낯선 문제로 고민하는 사람들도 있다. 그런 이들에게도 부디 내 조언이 도움이 되기를, 그들이 삶의 발판을 더 견고하게 다지고 인생을 지혜롭게 주도하는 데 힘이 되기를 바란다.

삶의 방향을 스스로 수정하는 것은 잘못이 아니다. 누구나 자신의 생각을 바꾸고 인생의 방향을 바꿀 권리가 있다. 그 사실을 아는 사람은 그렇지 않은 사람보다 더 행복한 인생을 만들어갈 수 있다. 설령 잘못된 선택을 할지라도 세상이 끝나는 것은 아니며 결국에는 자신에게 맞는 길을 찾을 수 있을 것이다. 항상 두 눈과 귀를 활짝 열어놓고 스스로 자존감을 잃지 않으면, 분명히 누구나 할 수 있다.

이제 나는 세월의 흔적을 온몸에 안고 있는, 백발이 성성한 노인네다. 젊은 여인의 향기로운 매력 같은 것은 내게서 떠나간 지 오래다. 집에서 연 디너 파티 때 한시도 자리에 가만히 앉아 있지 못하던 그 쌩쌩한 에너지도 이젠 내게 없다. 나는 더는 디너 파티를 열지 않으며, 누군가에게 초대받아 참석한 파티에서는 그저 조용히 앉아 즐기는 것에 만족한다. 나는 매사를 여유 있게 받아들이고 좋아하는 음식과 달콤한 낮잠을 적당히 즐기며 이따금 가벼운 소풍을 나가 따사로운 햇살과 예쁜 꽃들에 마음껏 행복해하고 손녀들이 데려다주는 곳들의 멋진 풍경을 구경한다. 빙고게임에서 이기면 기분이 날아갈 것만 같고, 여전히 로스앤젤레스 여기저기를 돌아다니기를 좋아하며, 1940년대와 1950년대의 음악을 즐겨 듣는다.

당신도 나처럼 살아가면서 감사한 것들을 손으로 꼽아보길 바란다. 나는 싫고 괴로운 일보다는 즐겁고 감사한 일을 더 많이 생각하려고 애쓴다. 햇살이 눈부시게 쏟아지는 날 부드러운 바람이 내 머리카락을 살랑살랑 어루만지면 얼마나 기분이 좋은지 모른다. 다리를 절름거리지 않고 거리를 똑바로 걸어 다닐 수 있다는 사실도 감사하다. 늙는다는 것은 아주 천천히 진행되기 때문에 쉽게 알아채기 힘들다. 모든 인간은 예외 없이 늙고 기력이 쇠한다. 따라서 노년이 갖는 에너지와 책임에 맞추어 살아가는 방식을 변화시키고 적응해야 한다.

거울 속의 내 모습을 보고 "저 쭈글탱이 할망구가 나란 말이야?" 하고 놀랐다가도 곧 스스로 이렇게 대답한다.

"바바라 쿠퍼, 저건 네가 맞아. 벌써 백 살이 가까워져 간다고. 그래도 아직 이렇게 건강해. 사랑하는 가족도 있고 말이야. 먼저 저세상으로 떠난 가족들은 지금 하늘나라에서 편히 쉬고 있어. 그러니 네가 지금 가진 것들에 만족하면서 살아야지!"

사실 따지고 보면 나에게는 불평할 거리가 하나도 없다. 하나
님, 감사합니다. 나는 행복하다.

해리 쿠퍼라는 남자가 내 삶으로 뚜벅뚜벅 걸어들어와 나를 사랑스러운 여인으로 느끼기 시작한 것은 내 생에 가장 큰 행운이었다. 그는 평범하기 그지없는 나를 아름답고 재미나고 똑똑하고 마음 따뜻한 여성이라고 믿었다. 나는 사실 그가 생각한 것만큼 멋진 여자는 아니었기에 해리를 실망시키지 않기 위해서 그에게 어울리는 사람이 되어야겠다고 다짐했다.

해리와 나, 아이들은 한 지붕 아래서 아낌없이 사랑했고 서로를 이해하기 위해 최선을 다했다. 기쁜 일도 많았고 힘든 일도 많았던 그 시간들. 그리고 어느새 훌쩍 세월이 흘러 아이들도 성인이 되었다. 품에서 떠나보낸 아들과 딸이 각자 가정을 꾸리고 그들만의 삶을 살아가기 시작하자 해리와 나는 다시 처음처럼 둘만 덩그러니 남게 되었다. 그럼에도 서로를 향한 애틋한 사랑이 하나도 식지 않았음을 깨달았다.

세월이 또 흘러 눈에 넣어도 아프지 않을 예쁜 손자 손녀들이 태어나는 축복을 받았다. 고맙게도 그 애들은 쭈글쭈글한 이 할머니를 아직 세상에 무엇인가 기여할 수 있는 사람으로 봐주었다. 그 애들은 늘 내게 "할머니의 조언은 사람들의 인생을 변화시키는 커다란 힘을 가졌다"고 격려해주었다. 나만 그런 것이 아니다. 인생을 변화시키는 결정을 내리도록 도와줘서 고맙다고 내게 인사하는 사람들 역시 커다란 힘을 가지고 있다. 이러한 신념과 사랑은 내 인생을 완전히 바꿔놓았다. 그리고 지금도 내 삶을 생각지도 못한 방향으로 변화시키고 있다.

정말 아름답고 놀라운 일이 일어나는 것을 보고 싶은가? 그렇다면 사랑하는 사람들에게 당신이 그들을 멋지고 사랑스러운 존재로 생각한다는 사실을 알리자. 그러면 그들은 당신이 생각이 옳았음을 그들 삶을 통해 고스란히 입증해보일 것이다.

'세계 최고령 인터넷 고민 상담가'인 바바라 쿠퍼의 보잘것없는 인생 스토리에서 당신이 꼭 기억해야 할 교훈은 이것이다.

절대로 당신 스스로 별 볼 일 없는 존재라고 속단하지 말자. 사람은 누구나 남에게 줄 수 있는 것, 이 세상에 기여할 수 있는 것을 가지고 있다. 그것이 사랑이든 지혜든 또는 기대어 울 수 있는 어깨든 말이다. 그리고 아끼고 사랑하는 이들이 있는 한 당신이 이 세상을 살아갈 중요한 이유가 있는 셈이다. 그러니 이 넓디넓은 세상에서 당신의 자리를 찾아보자. 그리고 온 마음을 다해 인생을 살아가보자.

 부디 바라건대, 이 책을 읽는 독자들 모두 자기 자신을 마음껏 사랑하고 표현할 수 있는 기회를 얻었으면 좋겠다. 내가 그랬듯이 말이다. 또한 진정 사랑하는 이를 만나 그 사람과 함께 성장하고 같이 늙어가는 멋진 경험을 꼭 하기를. 거울 속 자신의 모습을 보며 행복한 미소를 지을 수 있게 되기를. 만일 당신이 그런 인생을 사는 데 이 책에서 내가 했던 말들이 도움이 되었다면 우리 쿠퍼 부부를 가끔 기억해주길 바란다. 더불어 마음에 와 닿았던 유용한 조언들을 주변 사람들에게도 나누어주면 더없이 고맙겠다.

세상에 사랑이 조금이라도 더 많아지는 데 내가 보탬이 된다면, 그보다 더 기쁘고 흐뭇한 일은 없을 것 같다. 그리고 내일 아침 침대에서 일어나 변함없이 '나'로 살아갈 이유를 얻을 것 같다.

삶을 위해 사랑하라

초판 1쇄 인쇄	2015년 3월 4일
초판 1쇄 발행	2015년 3월 11일

지은이	바바라 큐티 쿠퍼/킴 쿠퍼/친타 쿠퍼
펴낸이	김병은
펴낸곳	프롬북스

기획편집	서진
편집진행	안진숙 박지영
표지·본문	정다희
마케팅	조윤규

등록번호	제313-2007-000021호
등록일자	2007.2.1

주소	경기도 고양시 일산동구 정발산로 24 (장항동 웨스턴돔타워) T1-706호
문의	031-926-3397
팩스	031-926-3398
전자우편	edit@frombooks.co.kr

ISBN	978-89-93734-45-4 13320
정가	13,800원